Fabrizio Savi

CURSO VISUAL DE ESCULTURA

170 imágenes para aprender a modelar bajorrelieves y altorrelieves en Arcilla

2014

Imágen de la cubierta   Pamela Natalini –
EXAGON GROUP

Modelo II ejercicio   Angelica Pedatella

Fuente de inspiración IV ejercicio compañía de
danza ALEPH

Traducción en español: Adriana Marina Bonfigli

SOMMARIO

INTRODUCCIÓN

En la historia ha habido un sólo Miguel Ángel Buonarroti pero todos nosotros podemos llegar a ser buenos escultores.

Las habilidades manuales como las del modelado están presentes en cada uno de nosotros, pero a menudo quedan latentes porque no son estimuladas y/o educadas suficientemente.

El curso visual quiere ofrecer la posibilidad a jóvenes y adultos de desarrollar o perfeccionar las capacidades prácticas e intelectuales indudablemente presentes pero todavía escondidas en cada uno de nosotros y que son necesarias para modelar esculturas.

Por "modelar" se entiende la capacidad de formar, crear, reproducir con materiales plásticos como arcilla, plastilina, cera, etc. elementos como: figuras y formas de invención propia, figuras y formas tomadas de la realidad, figuras y formas originadas de dibujos y proyectos.

El campo de la escultura es vasto; hay esculturas en todas las dimensiones, a bajorrelieve y a altorrelieve, que se pueden realizar con innumerables materiales, (piedras de varias consistencias y aspectos, metales, maderas naturales y recompuestas o reconstituidas, cera, arcilla, resinas y materiales sintéticos, etc.). Antes de afrontar la realización de una escultura con cada uno de estos materiales, es necesario profundizar bien la técnica específica de la elaboración. ¡Y os aseguro que para conocer bien todas las técnicas no bastarían 100 libros y una vida entera dedicada a la exploración de esta fascinante actividad!

Debido a mi larga experiencia, he querido basar el curso sobre la realización de bajorrelieves y altorrelieves (reservándome la posibilidad de tratar las figuras en todos sus aspectos en una próxima publicación) utilizando arcilla, el material más dúctil y maleable por excelencia, fácilmente localizable en todas partes del mundo y bastante barato. Además, si las artesanías son cocidas en horno, la terracota puede resistir por milenios.

He pensado desarrollar este curso utilizando imágenes que muestran paso a paso las varias fases de la realización de los bajorrelieves y altorrelieves, de manera que este manual resulte principalmente claro, intuitivo y veloz para la consulta.

Juntos llevaremos a cabo cuatro ejercicios con diversas dificultades, de modo que afrontemos y solucionemos todas las problemáticas inherentes al bajorrelieve y al altorrelieve.

A continuación encontraréis un resumen por imágenes de los cuatro ejercicios.

Primer ejercicio

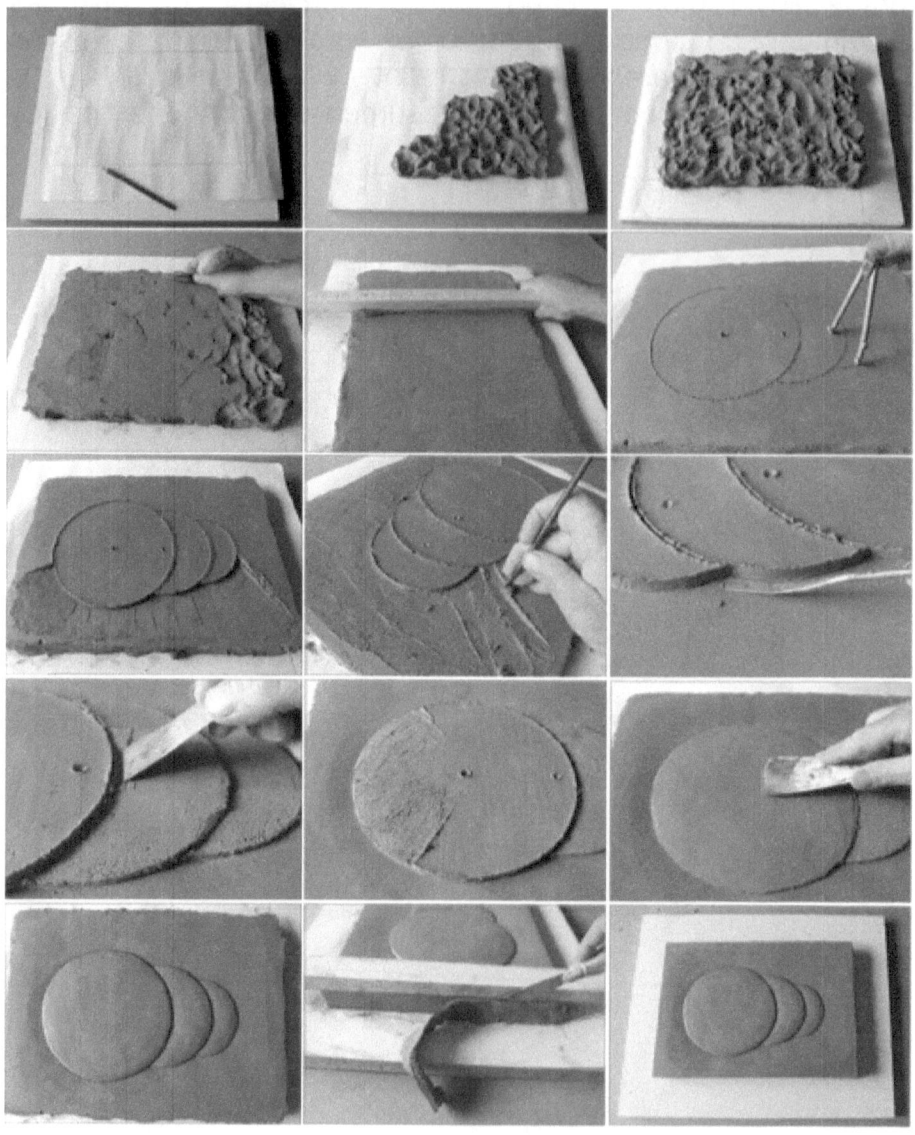

Segundo Ejercicio

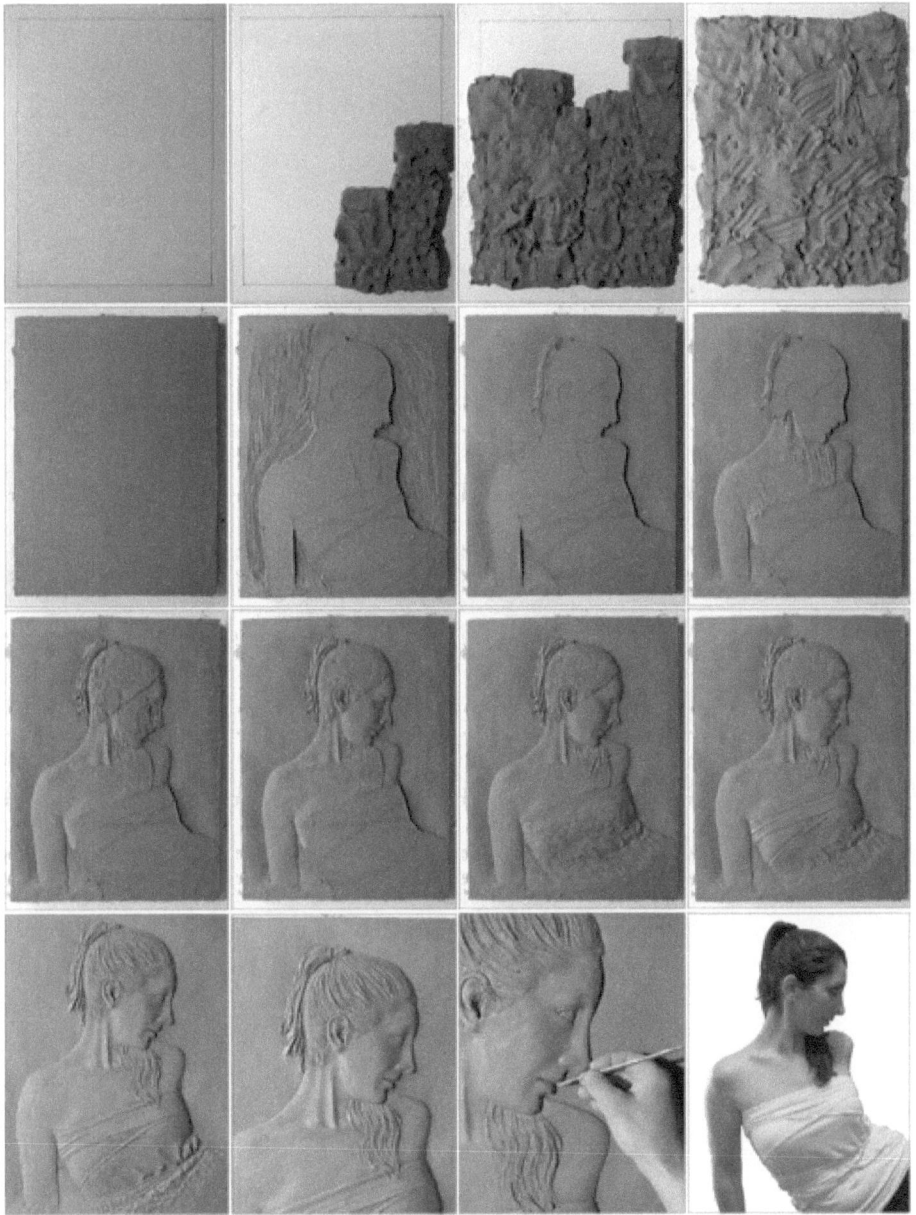

Tercer ejercicio

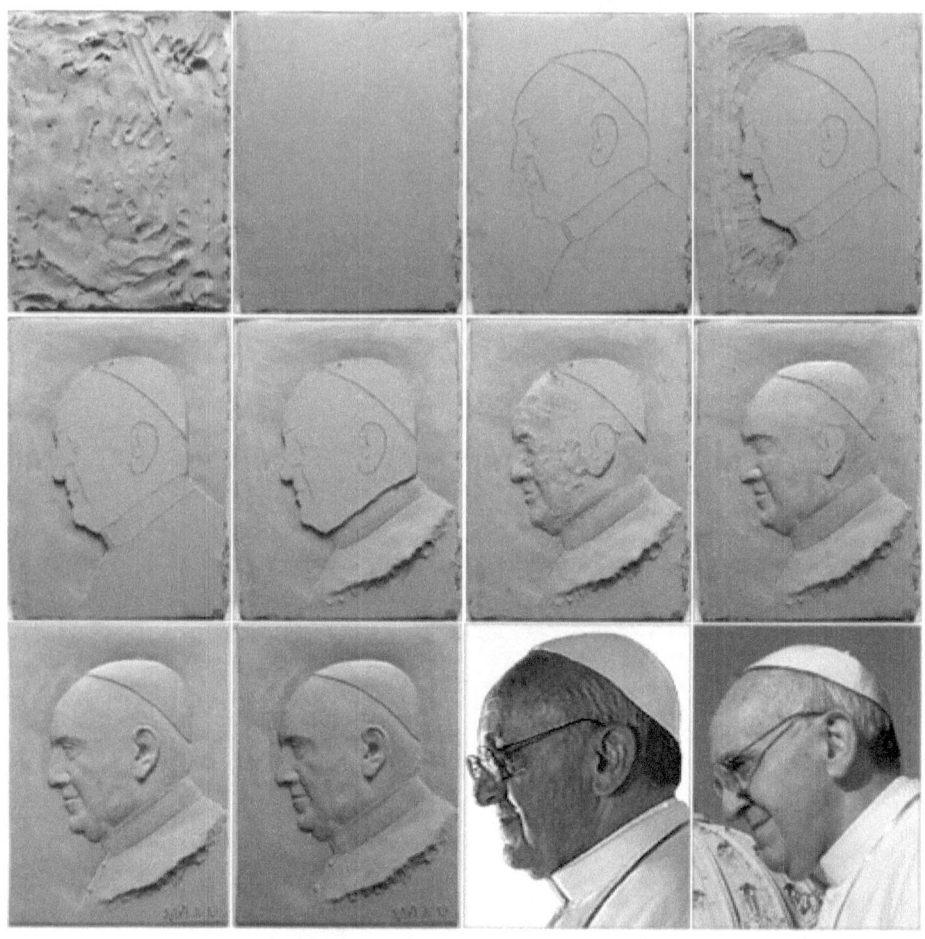

Cuarto Ejercicio

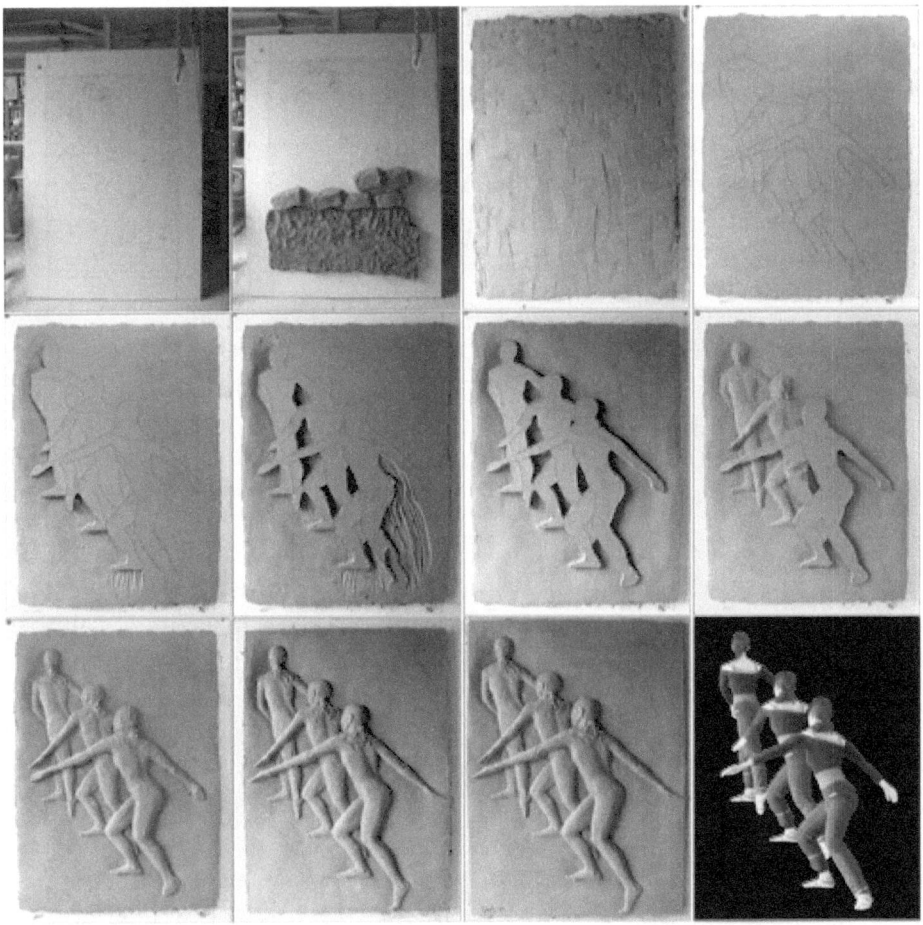

MATERIALES E INSTRUMENTOS y/o HERRAMIENTAS

Informaciones técnicas sobre la arcilla

En comercio se encuentran muchas variedades de arcilla de diferentes colores y diferentes propiedades técnicas y plásticas pero todas se pueden agrupar en tres categorías, la primera la llamaremos arcilla común o de alfarería (macetas), la segunda arcilla semirrefractaria y la tercera arcilla refractaria.

En general la arcilla se presta para ser modelada con facilidad y velocidad y en poco tiempo se pasa del proyecto a la obra realizada; la manufactura puede ser sucesivamente cocida en horno a unos 900 grados o usada sin secar como modelo para extraer un molde.

Por ejemplo, personalmente, realizo grandes bajorrelieves de arcilla y luego, de estos. extraigo el calco en yeso sobre el cual extiendo materiales sintéticos. De este modo obtengo el mismo bajorrelieve pero hecho de un material ligero y resistente.

La arcilla común o de alfarería (Macetas) es la más común. Se llama así porque desde la antigüedad fue usada para realizar macetas y platos de dimensiones medio-pequeñas. Este tipo de arcilla se encuentra en comercios en panes de 20-25 kg protegidos por celofán, ya amasada y lista por el empleo: y es muy económica, constituida por arcilla de grano muy fino que otorga una extraordinaria plasticidad.

Gracias a su empasto finísimo se modela con facilidad incluso en los detalles más pequeños y, las superficies modeladas se pueden pulir bien, pero durante la desecación (por la evaporación del agua contenida en el empasto), se retrae hasta un 10-12% y esta característica la hace, lamentablemente, poco apta para realizar bajorrelieves y altorrelieves de dimensiones medio-grandes, en cuanto la gran reducción determina grietas y fisuras durante la desecación.

Además, si quisiéramos poner luego en horno y cocer nuestra creación, incurriría en un nuevo problema: la arcilla común sufre una fuerte dilatación ante las fuentes de calor, por lo tanto lo que se hubiera salvado en fase de desecación, indudablemente se dañaría, partiéndose, en la fase de cocción.

En conclusión, la arcilla común puede ser usada para crear obras que no tengan que ser cocidas en horno ni desecadas, pero podéis utilizarla como modelo antes de la desecación, para hacer de ella un calco y luego ser reproducida en bronce u otros materiales.

Si quisiéramos hacer un bajorrelieve o un altorrelieve de arcilla común y luego cocerlo, aconsejo no superar ciertas dimensiones: 20-25 centímetros de altura y de ancho, por un espesor máximo de 1,5 centímetros.

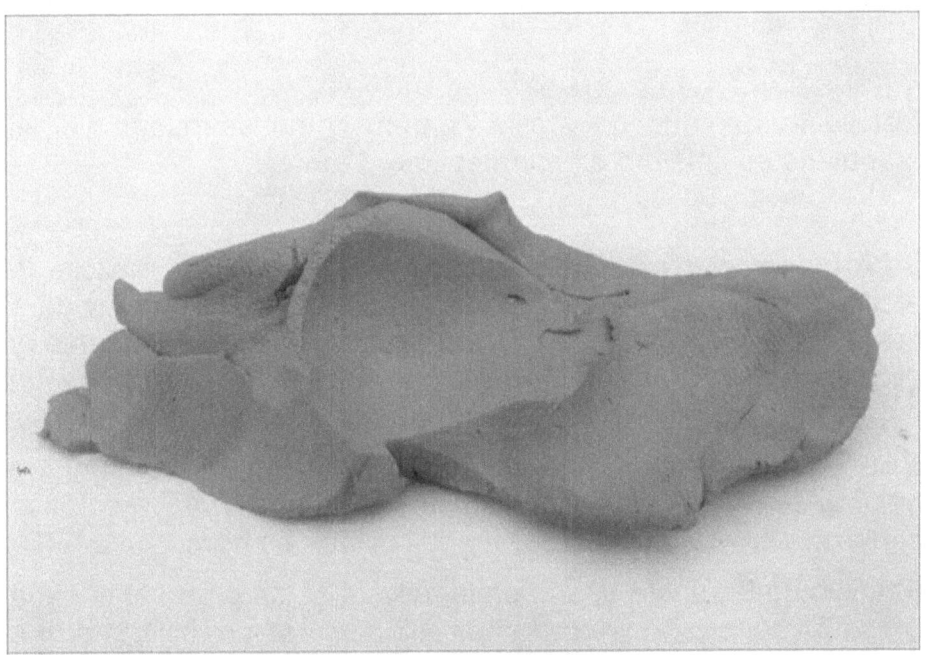

Fragmento de arcilla común o de alfarería.

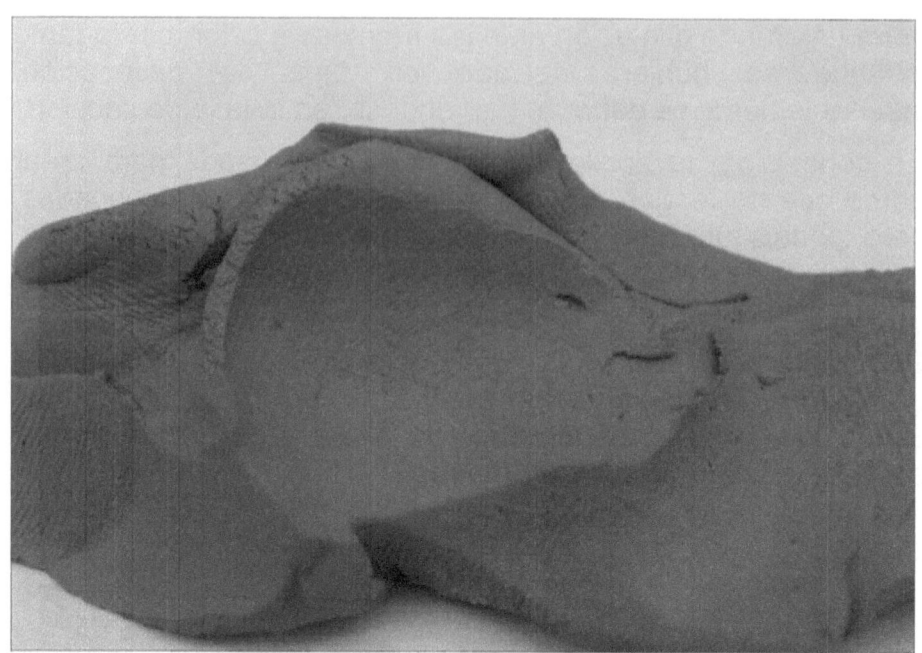

Detalle aumentado de arcilla común, como se puede ver el granulado es finísimo e imperceptible.

La Arcilla semirrefractaria está constituida por una mezcla de arcilla común y un porcentaje de terracota molida y reducida a polvo; este porcentaje de polvo varía según el fabricante y otorga un menor grado de retiro en fase él desecación y un menor grado de dilatación en fase de cocción.

Esta característica la hace apta para la realización de bajorrelieves y altorrelieves de pequeñas y medianas dimensiones que pueden ser luego cocidos en horno.

El polvo de terracota usado en la mezcla es de grano fino; cada grano no supera la dimensión de 1-3 décimos de milímetro, por lo tanto en fase de modelado presenta una buena plasticidad y la superficie de las obras puede ser alisada bastante bien. En todo caso, es correcto y aconsejable no superar la dimensión de 30-35 centímetros de ancho y altura por un espesor máximo de 2 centímetros.

En comercio se encuentra en panes de 20-25 kg, protegida por celofán. Su coste es ligeramente mayor con respecto al de la arcilla común.

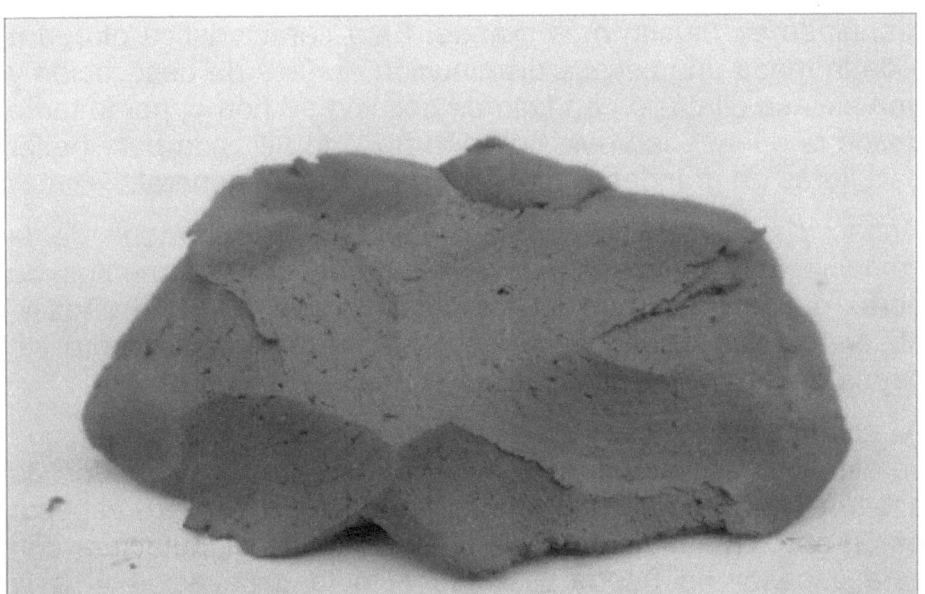

Fragmento de arcilla semirrefractaria.

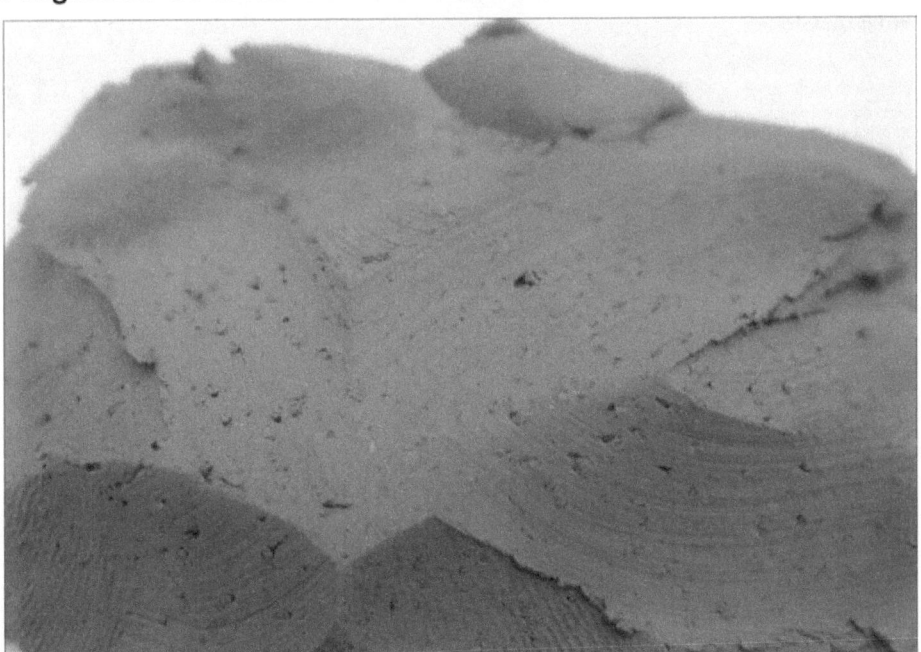

Detalle aumentado de la arcilla semirrefractaria donde es bien visible el granulado de polvo de terracota.

Arcilla refractaria: también ésta está constituida por una mezcla de arcilla común y polvo de terracota molida pero, a diferencia del semirrefractaria, aquí el porcentaje es mayor y el granulado es mucho más grande. Esta característica otorga a toda la masa una escasa disminución en fase de desecación y una escasa dilatación en fase de cocción en horno, por lo tanto desde la antigüedad esta solución ha sido utilizada para hacer esculturas de grandes dimensiones y obras en general.

Dando paseos por los campos labrados y cultivados de la campiña italiana no es raro encontrarse con fragmentos de obras de terracota que se remontan a más de 2000 años y, observándolos cuidadosamente, se nota claramente como ya, desde entonces, las poblaciones usaban esta técnica.

A continuación, las fotos de un pequeño fragmento que verosímilmente pueda pertenecer a un gran contenedor de aceite o vino que se remonta a la época romana. Su espesor es de aproximadamente 7 centímetros y una manufactura con este espesor no habría resistido ni a la desecación ni a la cocción, si su mezcla no hubiera sido constituida por arcilla refractaria.

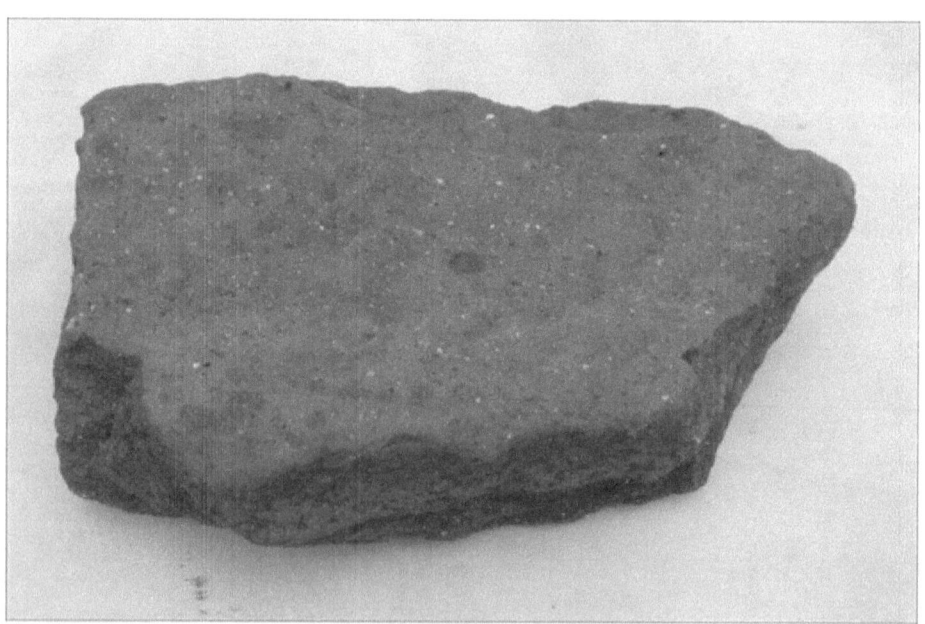

Probable fragmento de "Odre" que se remonta a la época romana.

14

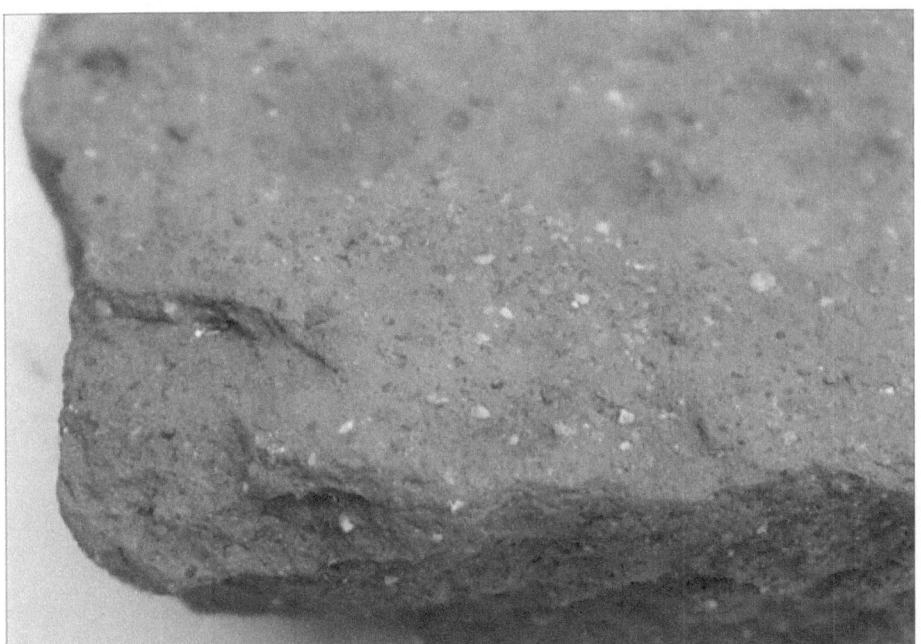

Detalle aumentado donde se ven perfectamente los grandes granillos de terracota molidos en medio de la mezcla.

Volviendo a la arcilla refractaria actual, la que es localizable en comercio ha englobado en su mezcla granillos que pueden llegar a un diámetro de más de un milímetro, por lo tanto la hace poco maleable y poco apta para ser trabajada. Con ella se pueden difícilmente modelar pequeños detalles y las superficies nunca serán muy lisas, pero, en compensación, podemos hacer bajorrelieves y altorrelieves de grandes dimensiones y luego cocerlos en horno.

El límite máximo está dado por el tamaño del horno que se tiene a disposición para cocer, y en todo caso siempre es mejor no exagerar, si son las primeras experiencias. Aconsejo no superar, inicialmente, los 70 centímetros de altura y de ancho y 4-5 centímetros de espesor.

La arcilla refractaria es más rara de hallar en comercio, se encuentra en panes de 20-25 kg protegidos por celofán y su coste es bastante alto. En este momento, año 2014, en Italia el precio es de alrededor de 25-35 euros el pan.

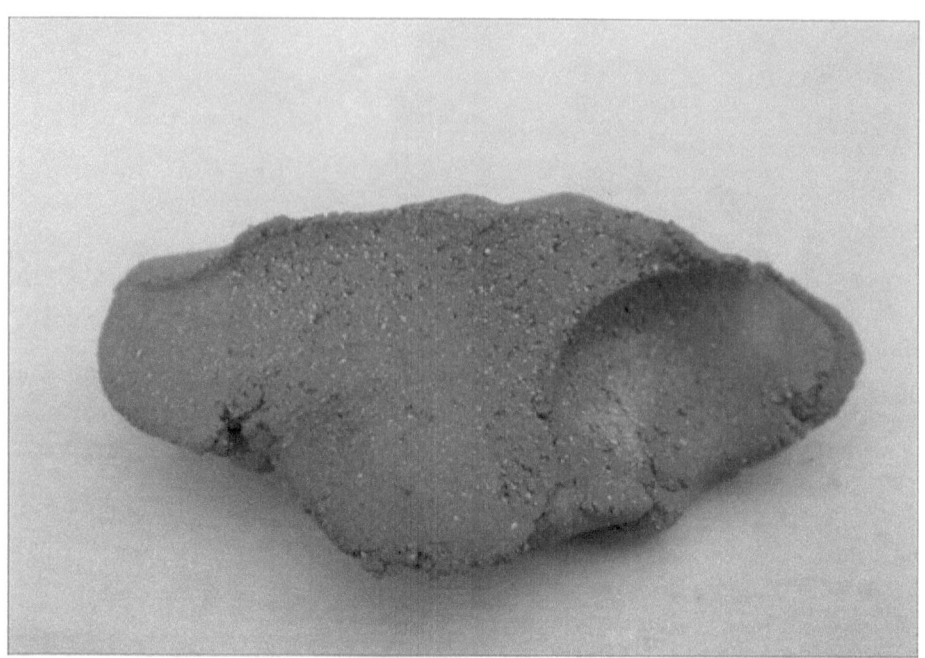

Fragmento de arcilla refractaria.

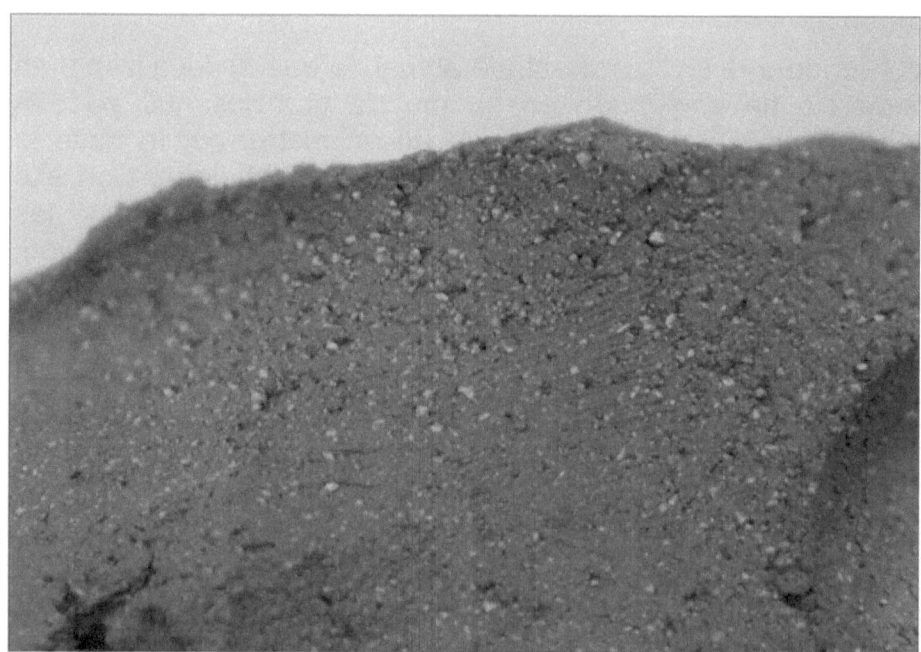

Detalle de arcilla refractaria, donde se ve claramente la dimensión y el gran porcentaje de granos de polvo de terracota.

Instrumentos necesarios para modelar

Personalmente creo que los instrumentos necesarios para modelar pueden ser verdaderamente pocos; eso no impide, a quien lo deseara, de tener una nutrida colección de espátulas de todas las formas y materiales.

Los que veis a continuación en la imagen son los utensilios que comúnmente empleo y que, en particular, he utilizado para realizar los bajorrelieves y altorrelieves que os enseñaré sucesivamente como ejercicios.

El instrumento A. es una común cinta métrica retráctil, pero cualquier otro tipo de metro va bien.

El instrumento B es "una miretta" un desbastador (Arg.) / un vaciador (Esp.) en cuya extremidad hay un hilo circular.

El instrumento C es una espátula de madera.

El instrumento D es una escuadra de hierro, pero se puede utilizar cualquier otro tipo de escuadra: servirá para escuadrar nuestras obras.

El instrumento E es una espátula de metal con una extremidad con forma de hoja de cuchillo punteaguda y afilada.

Los instrumentos F y G son pequeñas espátulas construidas por mí, aplastando un alambre de hierro y obteniendo así, en las extremidades, un tipo de hoja con punta plana y afilada.

Los instrumentos H, I y L son comunes espátulas de diferentes anchos, de 3, 5 y 9 centímetros respectivamente; aunque vuestras espátulas no respetaran perfectamente estas medidas, pero se acercaran, en todo caso estaría bien. Lo importante es que la hoja sea cortante y no presente dentellados, de otro modo el dentellado dejaría huellas sobre la obra, en lugar de alisarla.

Una recomendación importante es que las espátulas y todos los instrumentos que sirven a modelar sean limpiados frecuentemente de los restos de arcilla, los cuales quedan pegados y se secan en pocos minutos. Por lo tanto, antes de dar un espatulada sobre la arcilla fresca, asegúrense bien que sobre la superficie o sobre la punta del instrumento no haya resduos de arcilla endurecida, de lo contrario la operación resultará imprecisa.

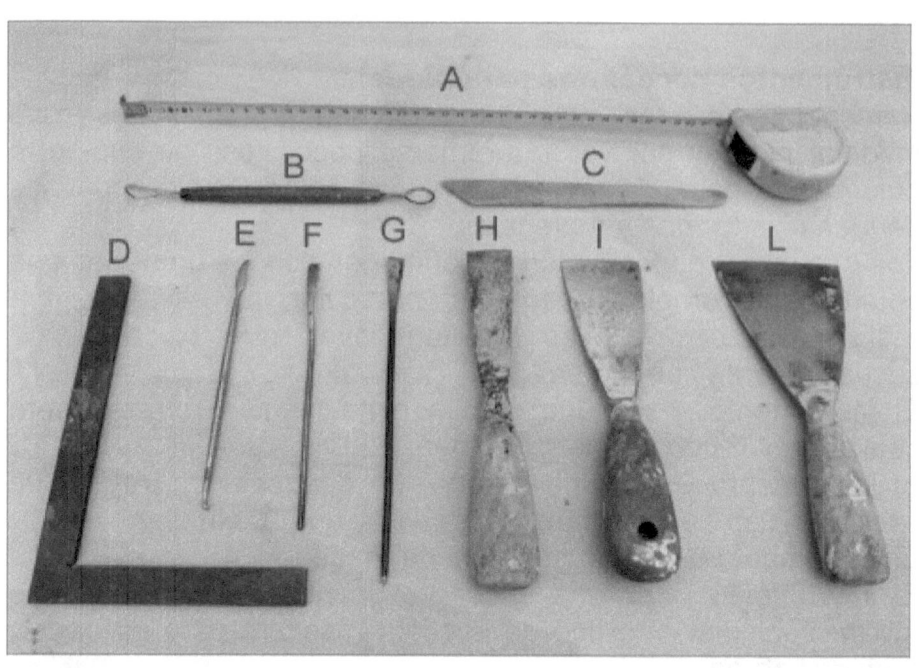

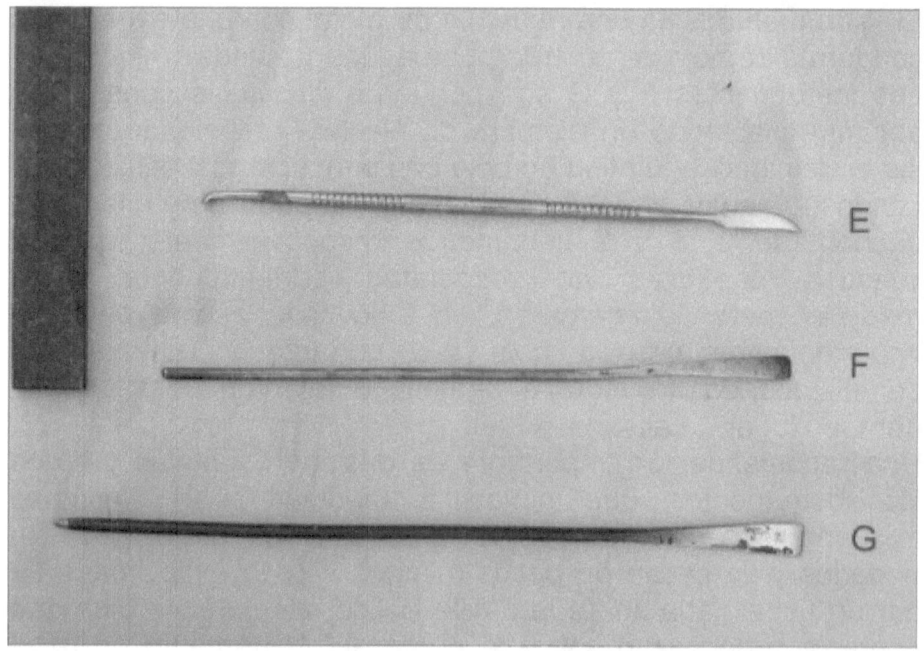

Ahora ocupémonos del soporte sobre el cual crear y modelar la obra. Según mi experiencia, las mesas de aglomerado o

18

conglomerado de madera ennoblecida son la mejor solución, y tienen la mejor relación entre funcionalidad y precio.

Como podéis ver en la siguiente foto se trata de una mesa de conglomerado de madera, cuya superficie ha sido revestida con una película de material plástico impermeable que evita que la humedad de la arcilla penetre en el conglomerado de madera, hinchándolo. Si en lugar del conglomerado de madera ennoblecida tenéis a disposición cualquier otro material, puede andar bien, siempre y cuando respete ciertas características: que tenga la superficie perfectamente lisa y sin ondulaciones, que la mesa sea rígida y no se curve o arquee con el peso de la arcilla, que sea unos 10 centímetros más grande en cada uno de los lados de la obra que tiene que contener y sostener.

Por cuanto concierne al conglomerado de madera ennoblecido, para tener una suficiente rigidez del soporte, aconsejo usar tablas con espesor igual o superior a 2 centímetros.

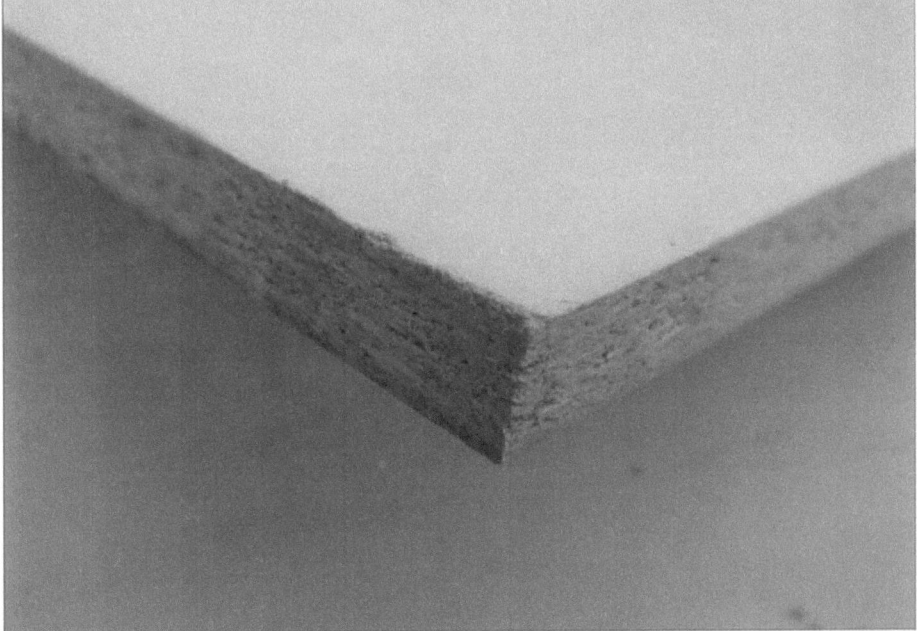

Detalle de mesa de aglomerado o conglomerado de madera ennoblecida de 2 centímetros de espesor.

PRIMER EJERCICIO

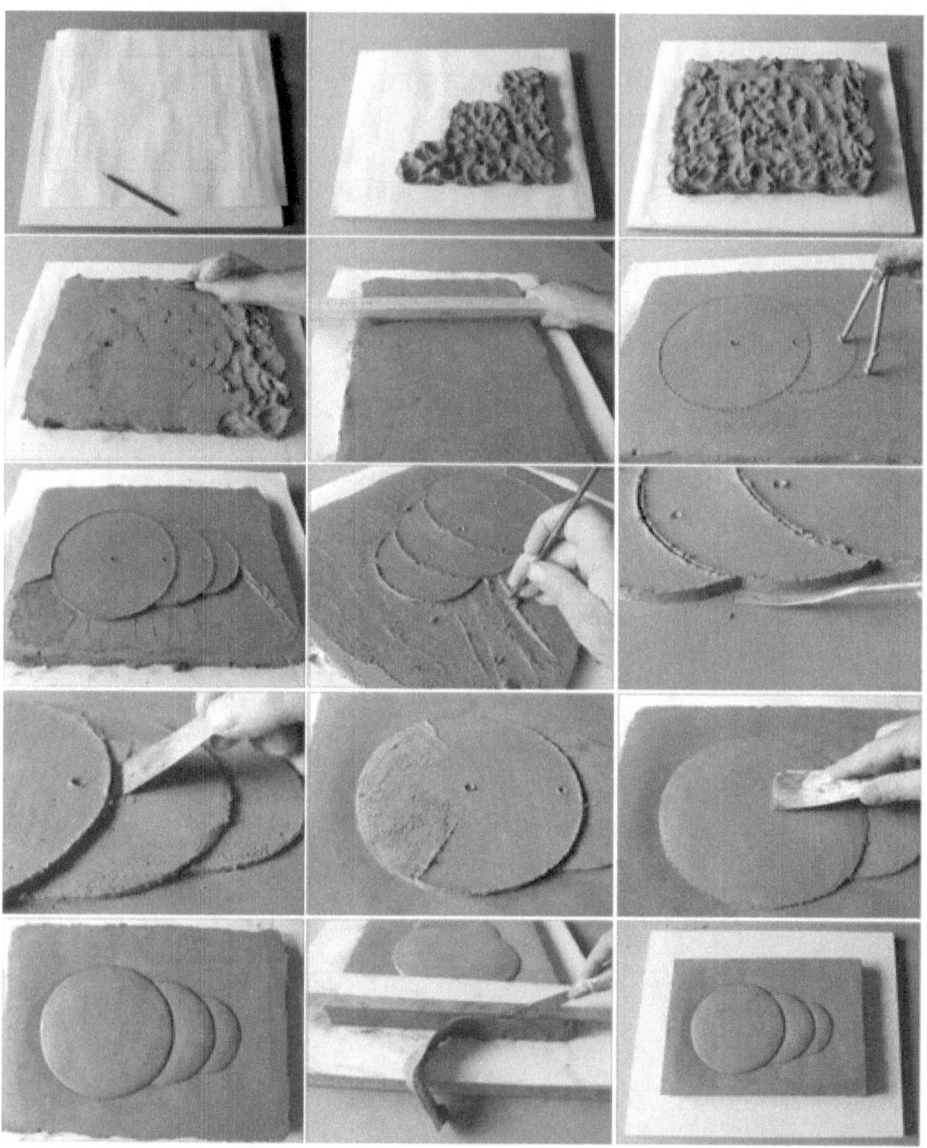

Para el primer ejercicio he creído oportuno afrontar un tema muy simple con el cual poder entrenarse y comprender las reglas básicas para crear bajorrelieves o altorrelieves. Quiero subrayar el hecho que las experiencias propuestas en este primer ejercicio son válidas para cualquier otra creación incluso mucho más compleja.

Por lo tanto, en este caso, realizaremos un bajorrelieve con la imagen de tres esferas en perspectiva.
Procederemos por fases y cada fase tendrá su imagen y descripción.

Fase 1
Usar una tabla de conglomerado de madera ennoblecida de unos 10 centímetros más grande de cada lado del bajorrelieve, en este caso tendrá una medida de 45 x 55 de base por altura y un espesor de 2 centímetros

Tabla de soporte en la cual modelar el bajorrelieve

Fase 2
Si queremos hacer secar el bajorrelieve y luego cocerlo, tenemos que evitar que la arcilla se pegue a la tabla y pueda replegarse durante la desecación, creando grietas irreparables. A este propósito, estaría bien poner entre la arcilla y la mesa una hoja de papel y sobre la hoja se dibujará con una escuadra y lápiz un rectángulo que delimite la dimensión de nuestro bajorrelieve, 40 x 30 centímetros.

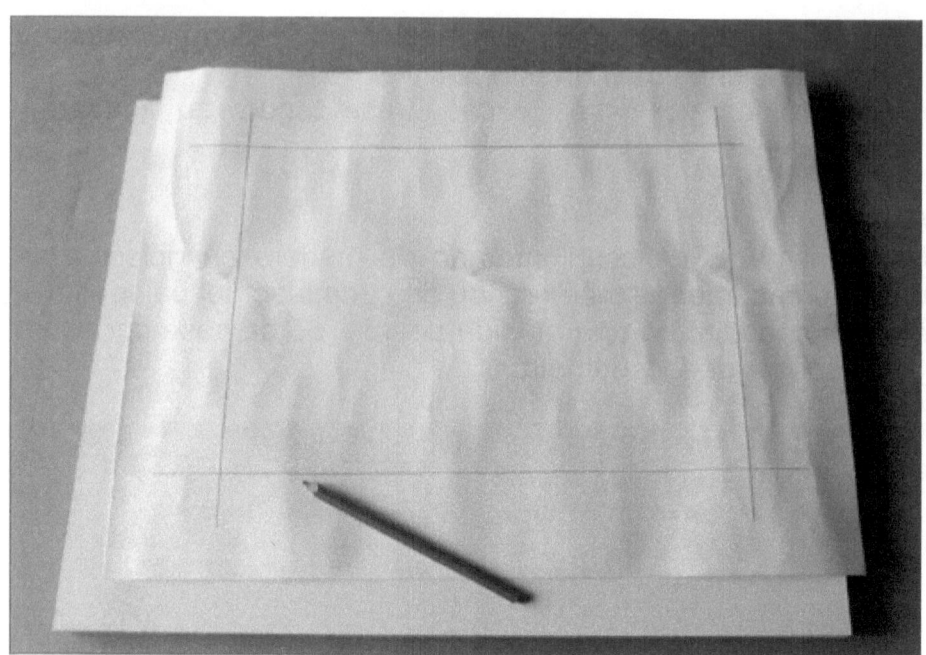

Hoja de papel sobre la tbla con la escuadratura del bajorrelieve dibujada.

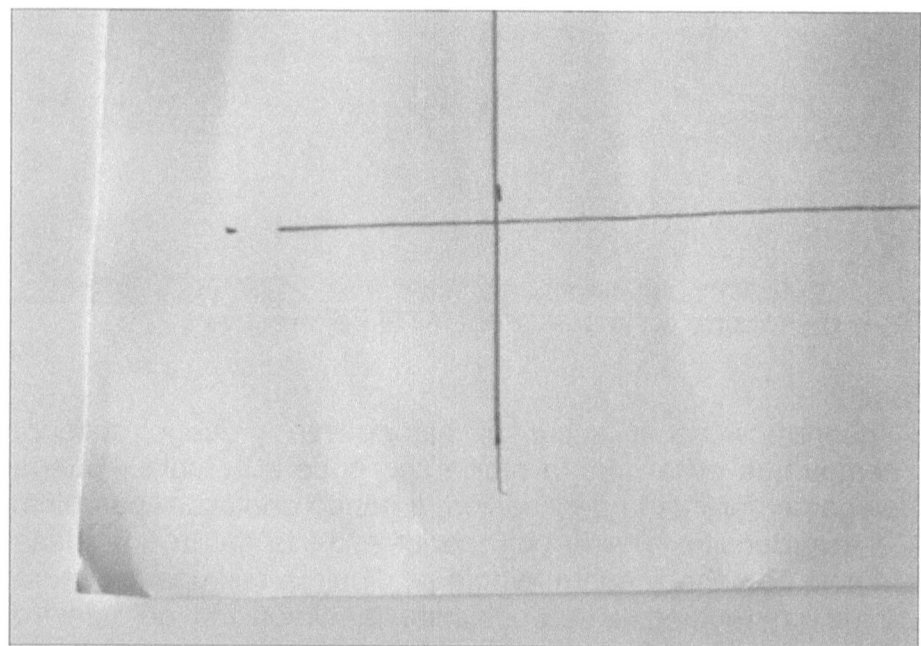

En los ángulos de la escuadratura es útil que las líneas sean algunos centímetros más largas. Más tarde les mostraré su utilizo.

Fase 3
Construir un plano o superficie de arcilla refractaria sobre la hoja de papel y la tabla: la superficie tendrá un espesor final de 3 centímetros. A este punto añadiremos otros trozos de arcilla para llegar a un espesor de unos 4 centímetros. Los varios trozos de arcilla que paulatinamente añadiremos para formar la superficie tienen que estar perfectamente unidos entre ellos y no tienen que presentar, absolutamente, cavidades o vacíos de aire que en fase de cocción podrían hacer que la obra se quiebre o rompa.

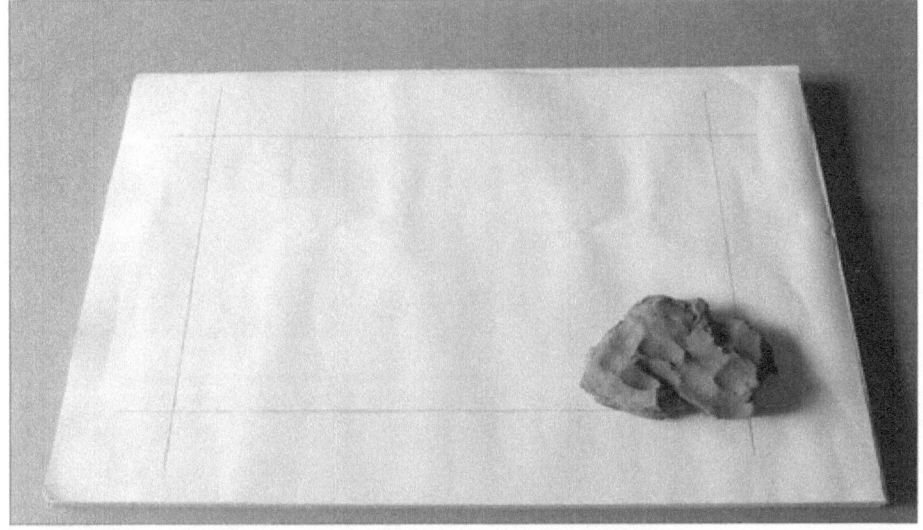

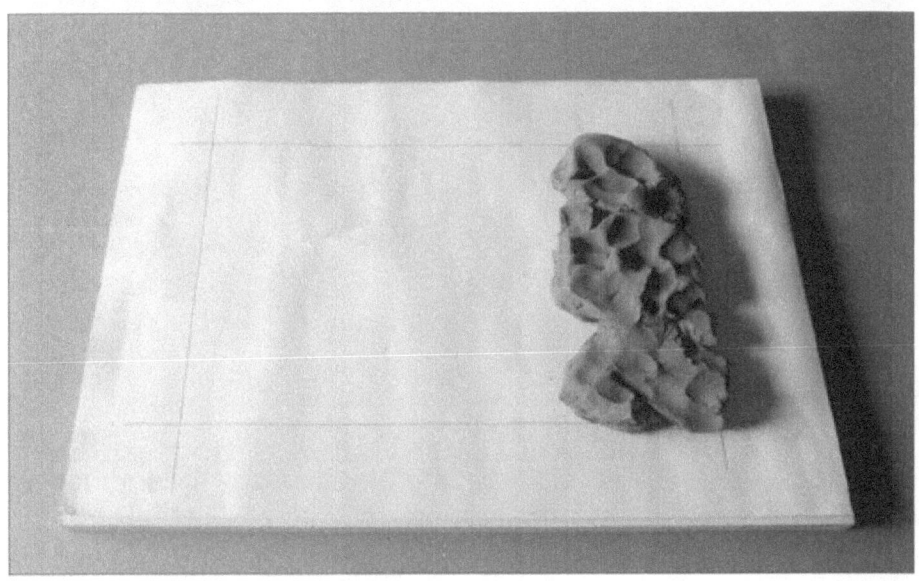

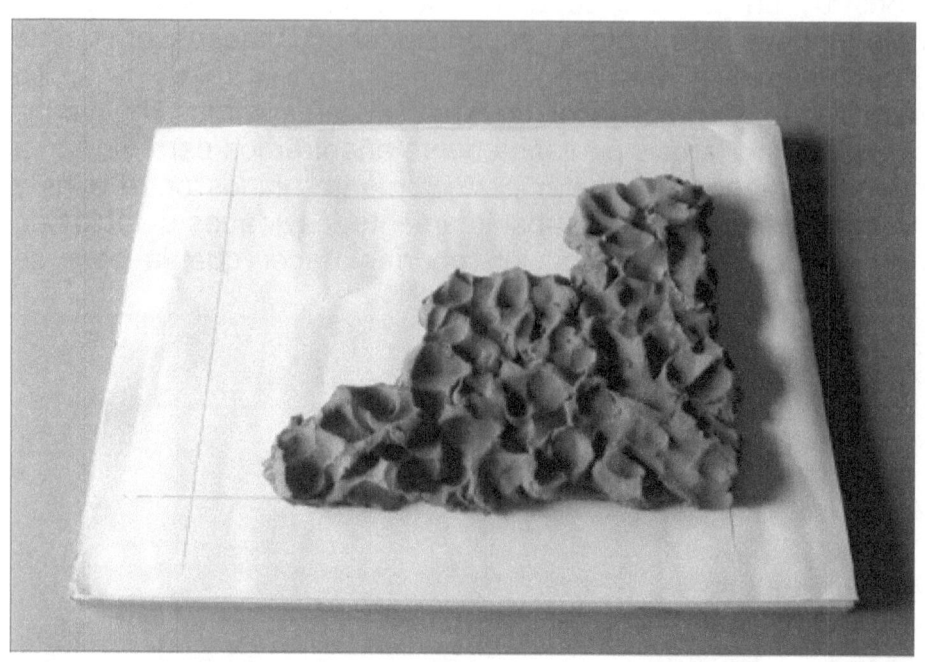

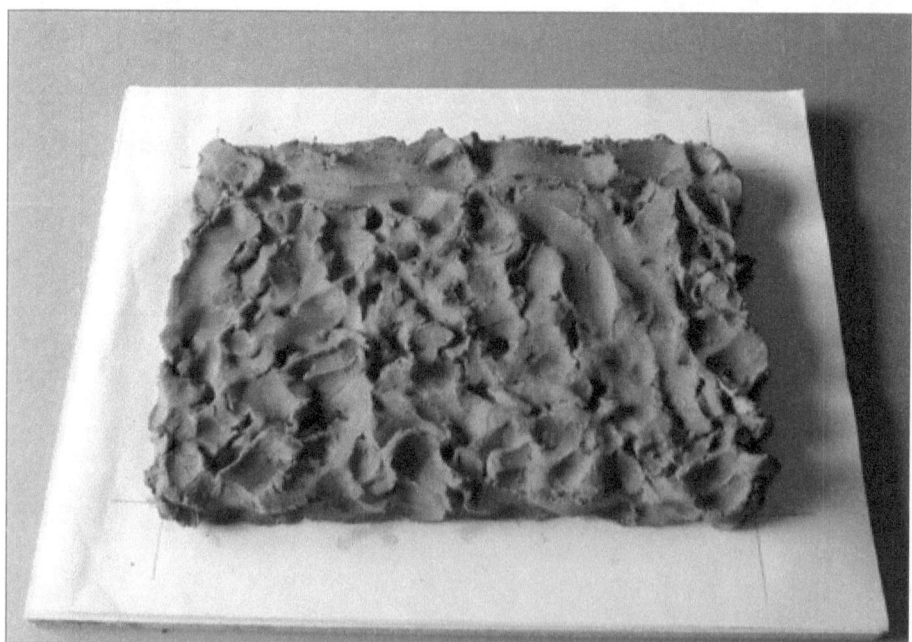

El espesor de la arcilla, en esta fase, es de unos 4 centímetros que, luego, con el aplastamiento, se reducirá a 3 centímetros.

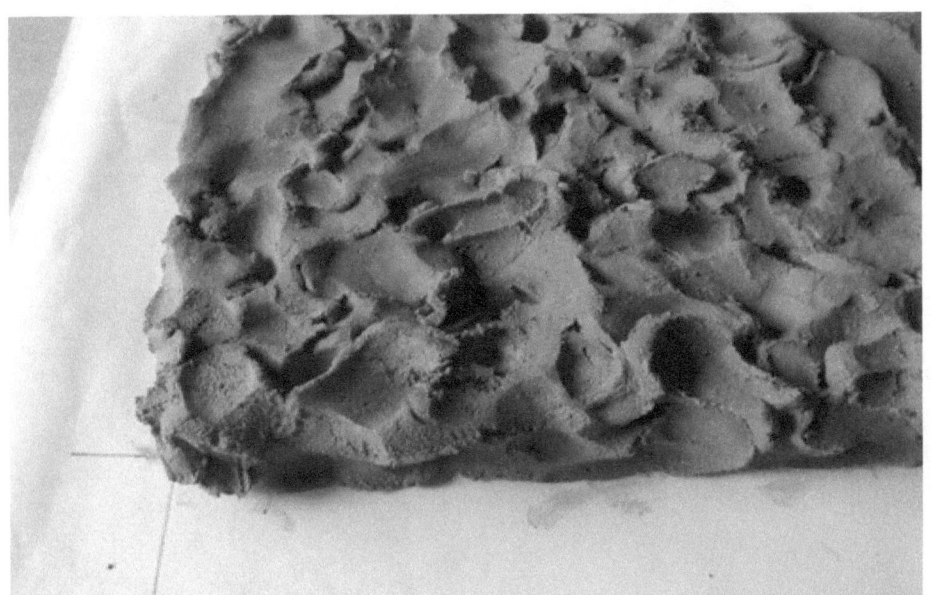

La superficie de arcilla debe ser algunos centímetros más grande que la escuadratura del papel y las marcas en lápiz excedentes serán un punto de referencia.

Fase 4

Para empezar a aplastar y alisar la superficie de arcilla iniciaremos usando la espátula más ancha y arrastrando la espátula de una extremidad a la otra, cruzando las pasadas como podéis ver en la secuencia de las fotos siguientes.

Finalmente controlaremos con el metro el espesor de la superficie de arcilla por los cuatro lados, para que sean todos del mismo espesor.

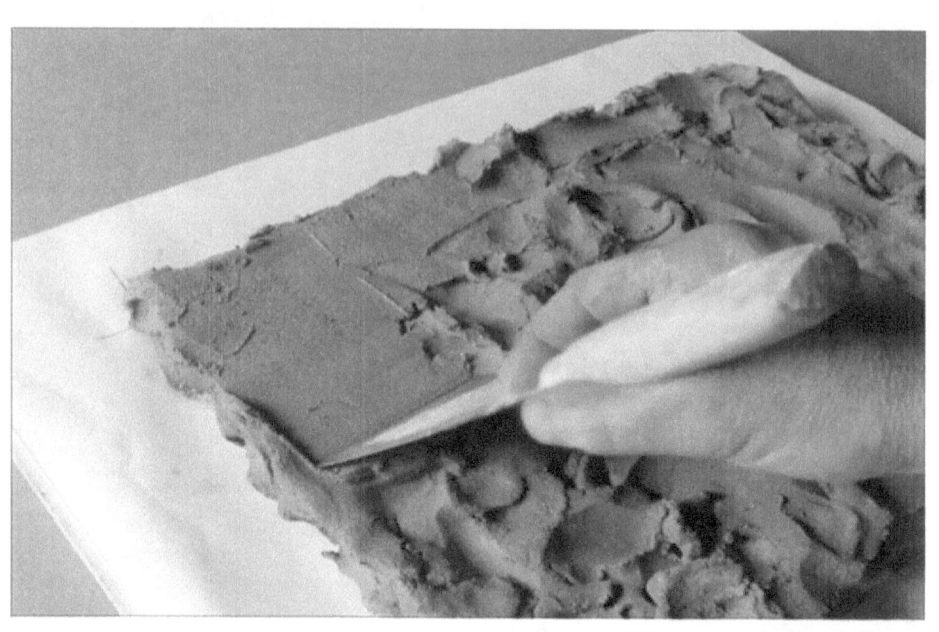

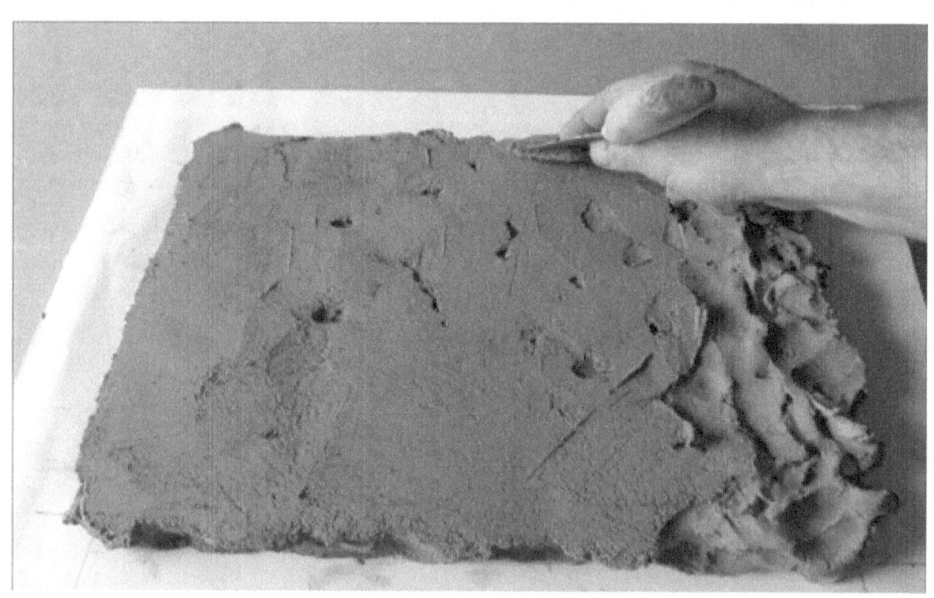

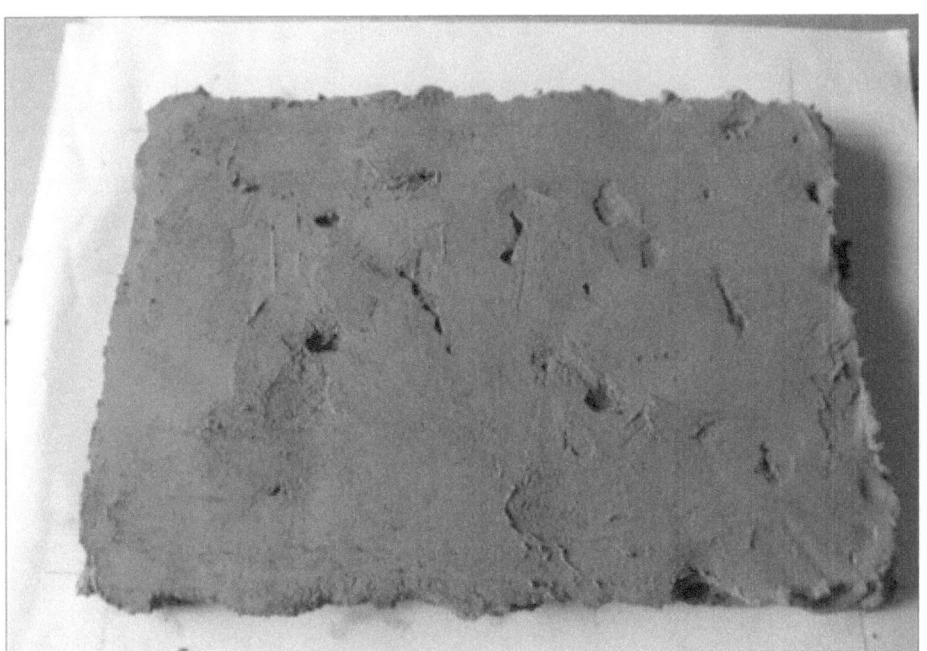

Después de un primer aplastamiento, notaremos algunos hoyos o depresiones y/u ondulamientos.

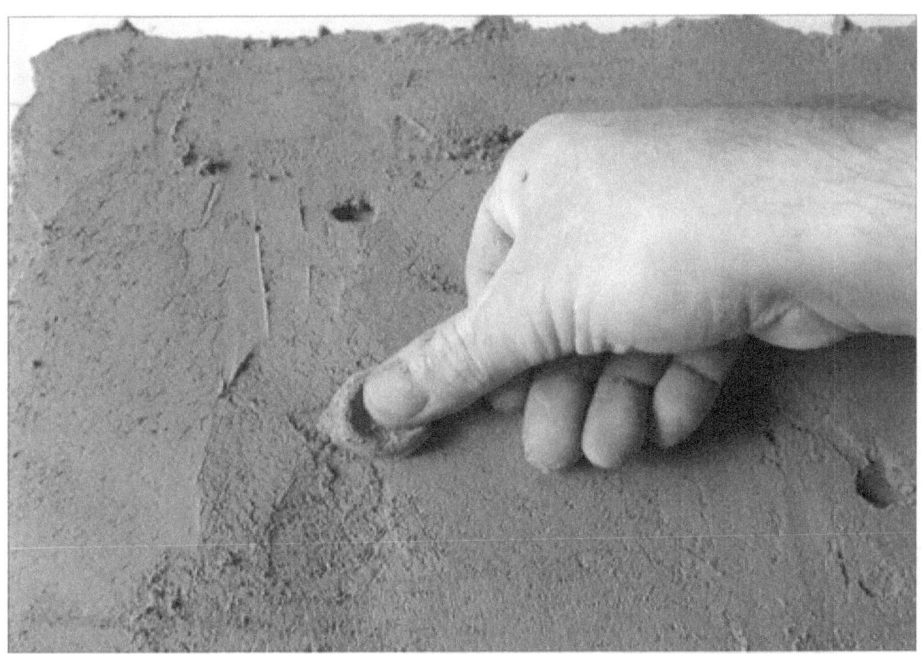

Rellenamos los hoyos y las depresiones con más arcilla.

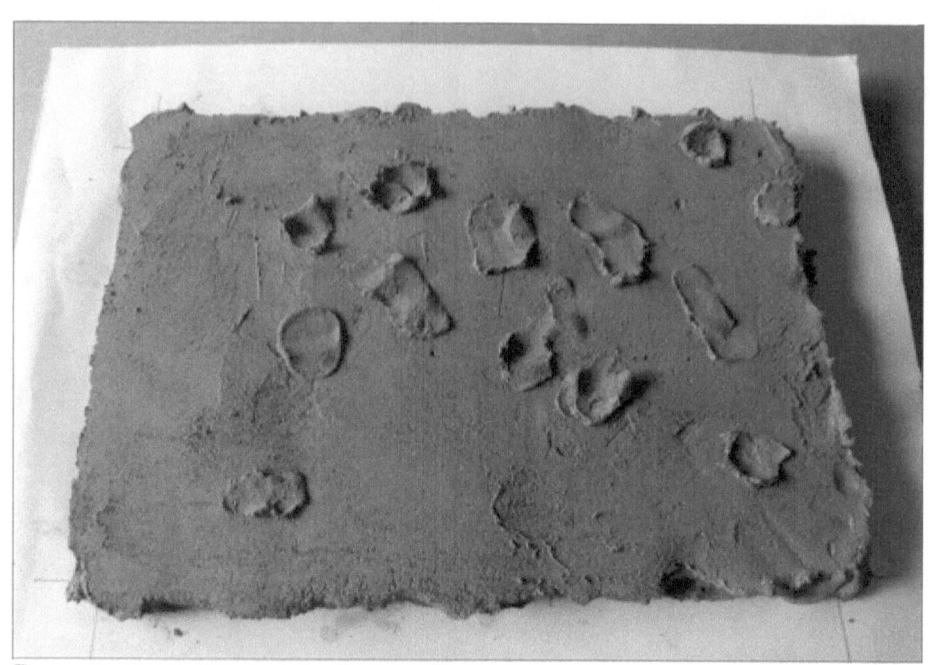

Pasamos nuovamente la espátula.

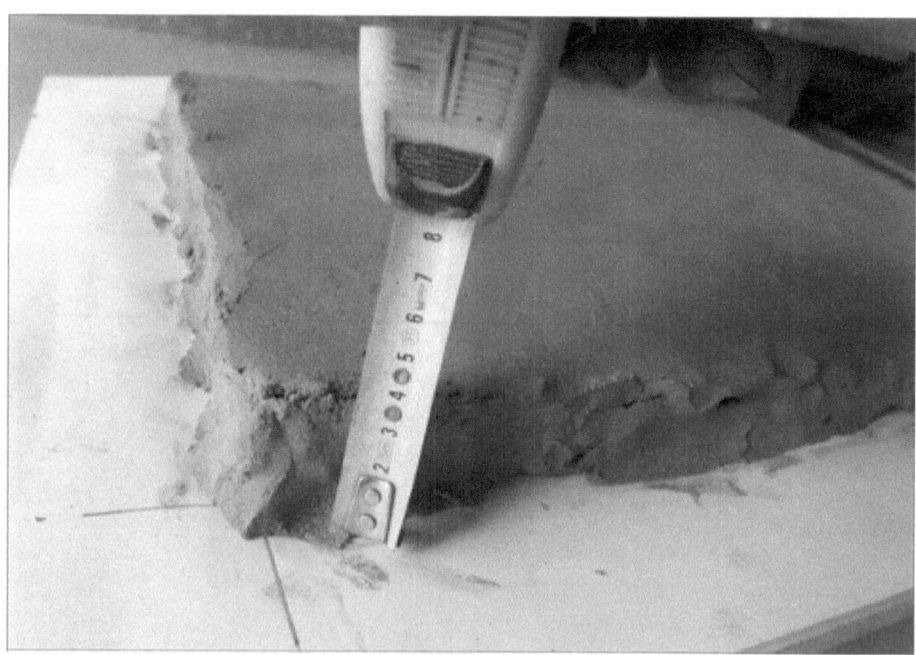

Controlamos que el espesor sea igual en los cuatro lados.

Fase 5

Para el alisado de la superficie de arcilla tenemos que proveernos de un asta de madera u otro material que sea rígido, que tenga las esquinas cortantes y sin dentellados y que sea más larga que el bajorrelieve, como se puede ver en la siguiente secuencia de imágenes. En particular para este trabajo, he usado un asta de conglomerado de madera ennoblecido. Equipados de asta, pongámosla sobre la superficie de arcilla de manera que apoye totalmete en la esquina e iniciamos a tirar hacia nosotros con cierta energía, repitiendo la operación varias veces y cruzando las direcciones.

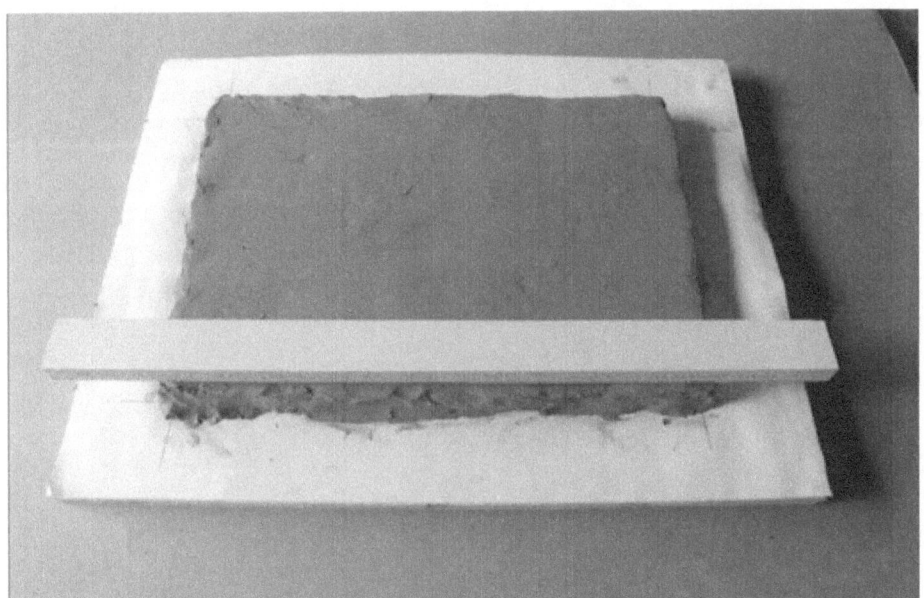

Asta de madera de conglomerado ennoblecido de unos 20 centímetros más larga con respecto al bajorrelieve.
Detalle del canto o arista del asta.

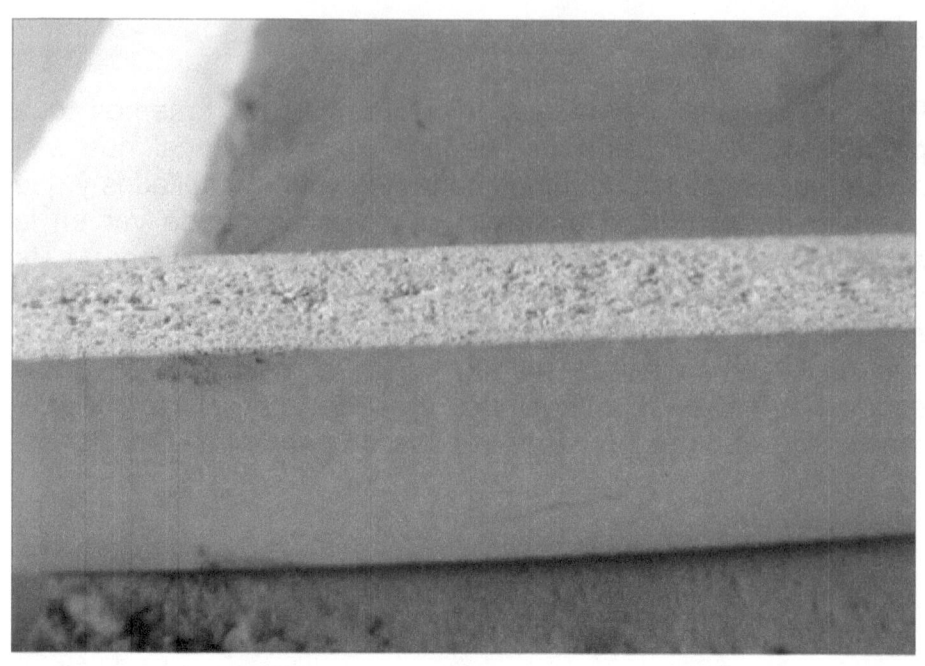

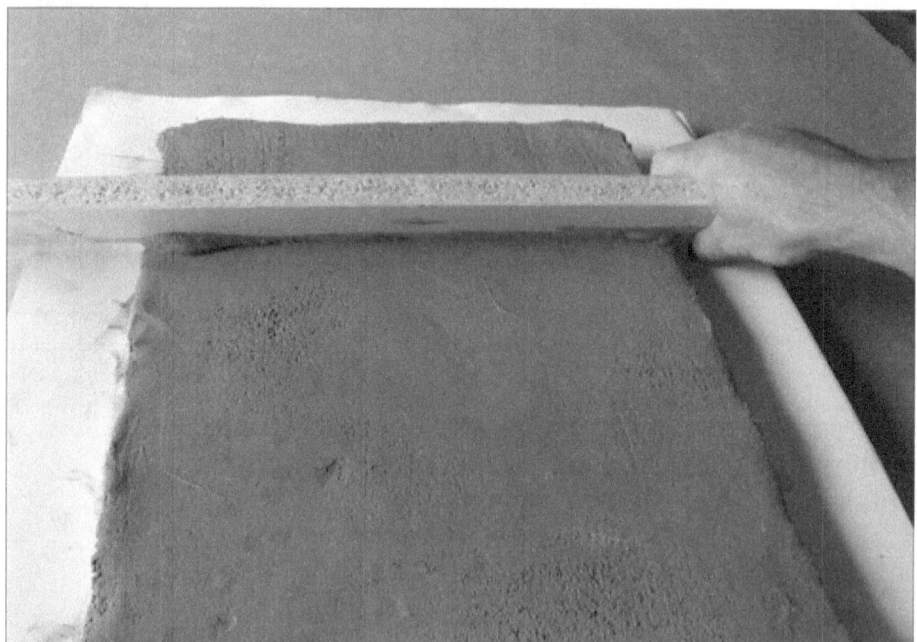

Tiramos hacia nostro el asta, raspando la superficie y eliminando las protuberancias.

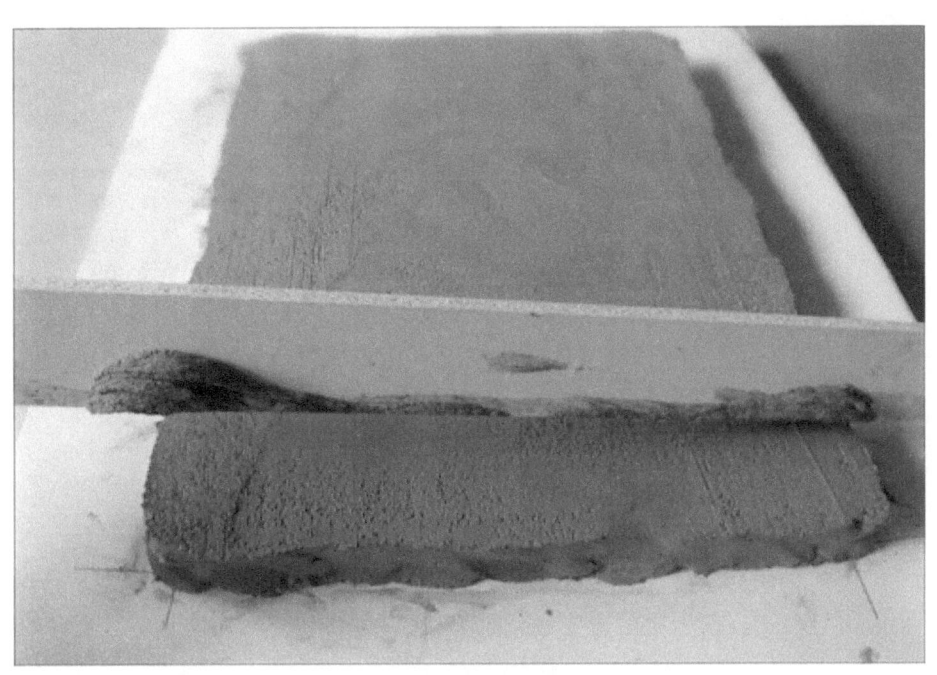

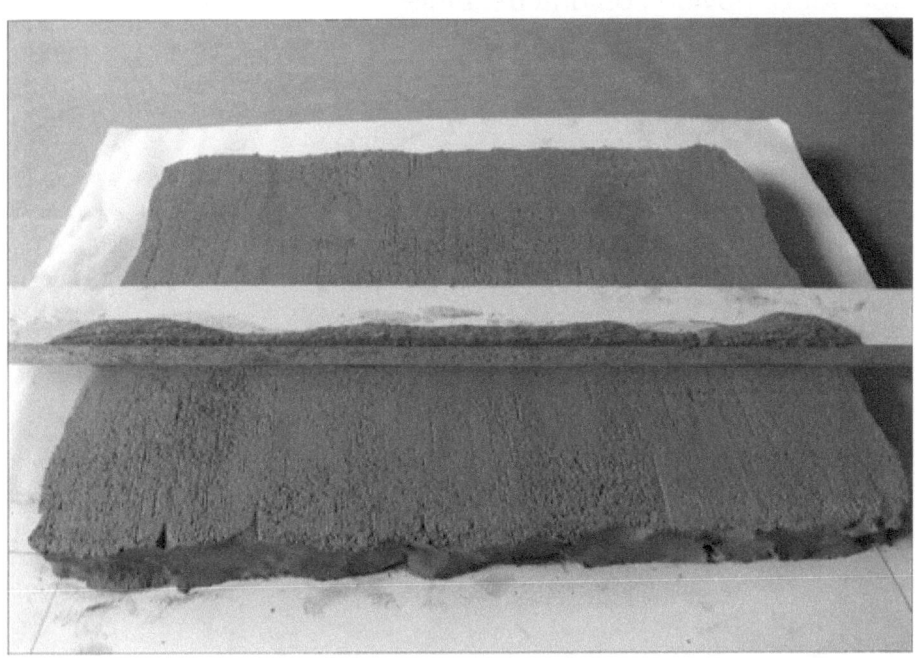

31

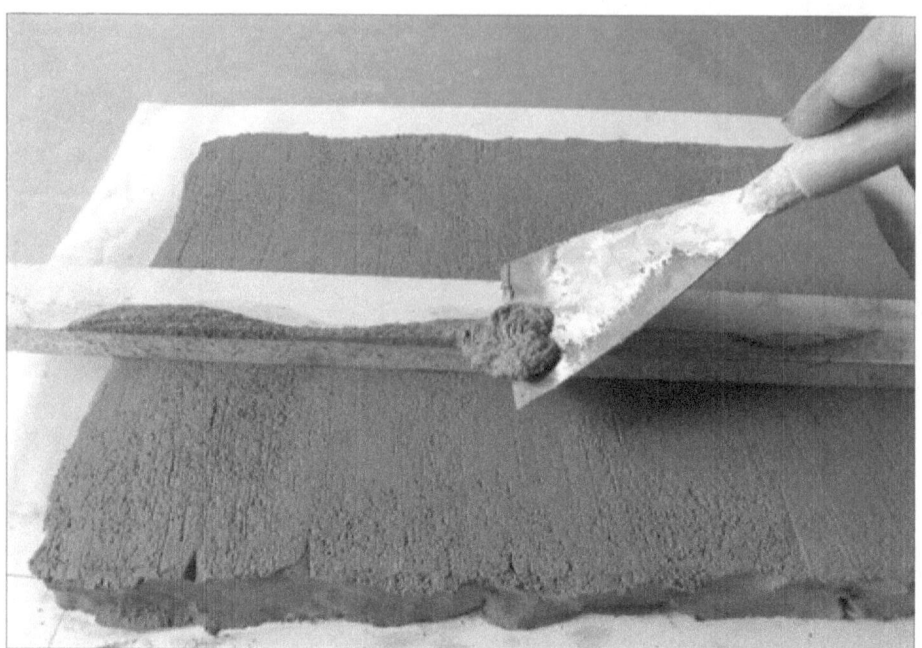

En cada una de las pasadas, en el asta se pega la arcilla, que debe ser removida con una espátula.

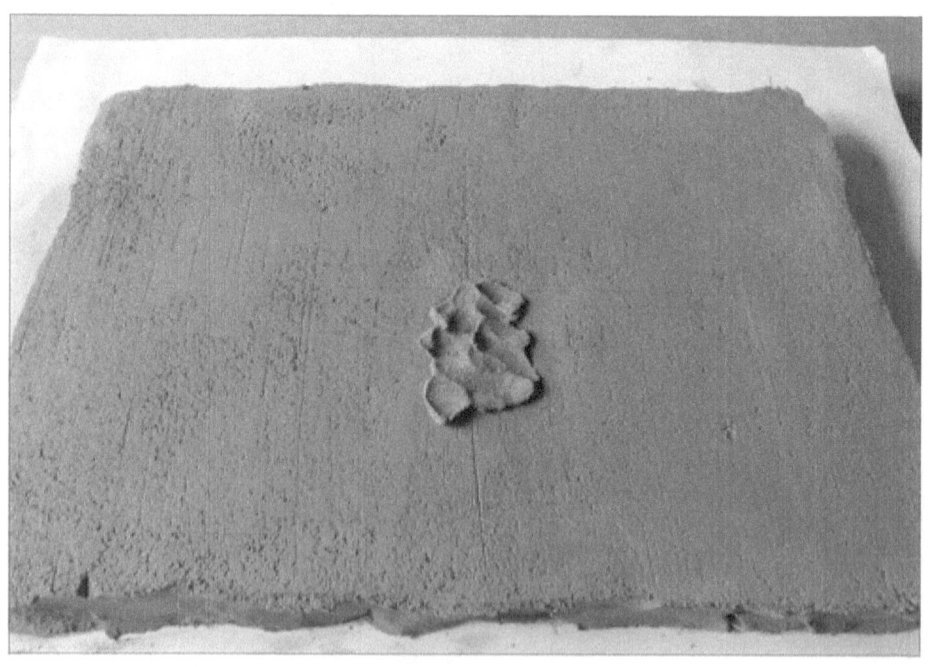

Después de algunas pasadas del asta, puede suceder que haya todavía depresiones difíciles de rellenar, es aconsejable añadir un poco de arcilla.

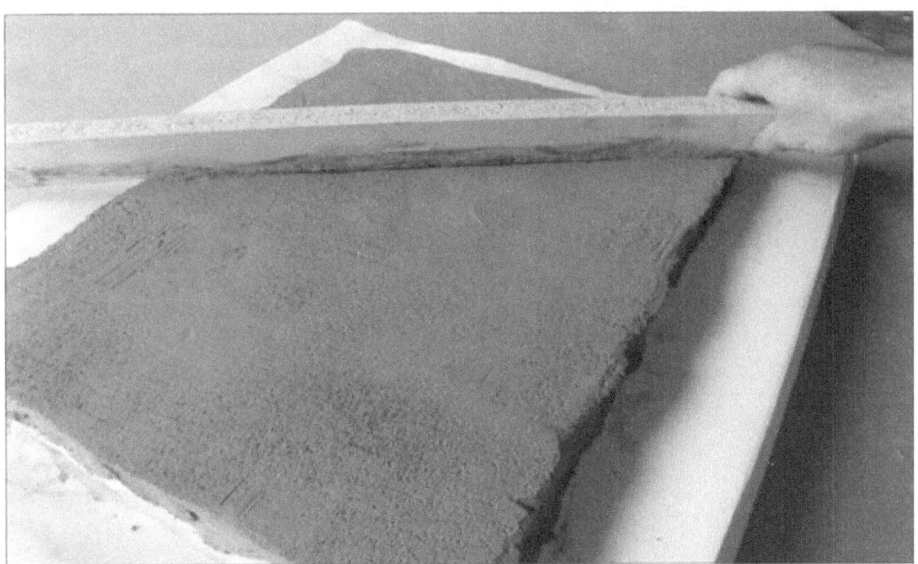

Pasamos nuovamente el asta hasta que la superficie esté perfectamente lisa y priva de depresiones.

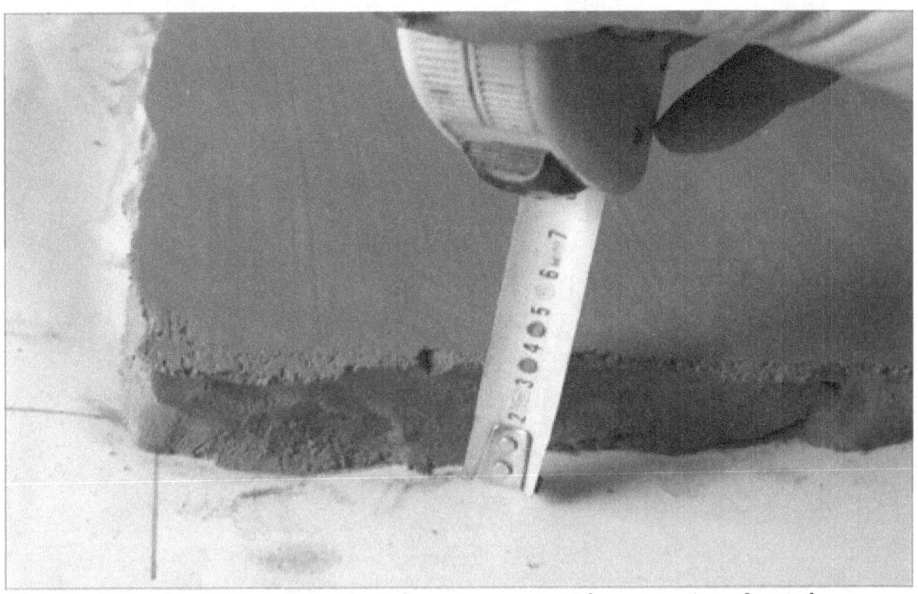

Controlamos nuevamente el espesor en los cuatro ángulos.

Superficie de arcilla lista para modelar las tres esferas.

Fase 6

Ahora que la superficie de trabajo está lista, podemos dibujar con cuidado las tres esferas en la parte alisada de la arcilla.

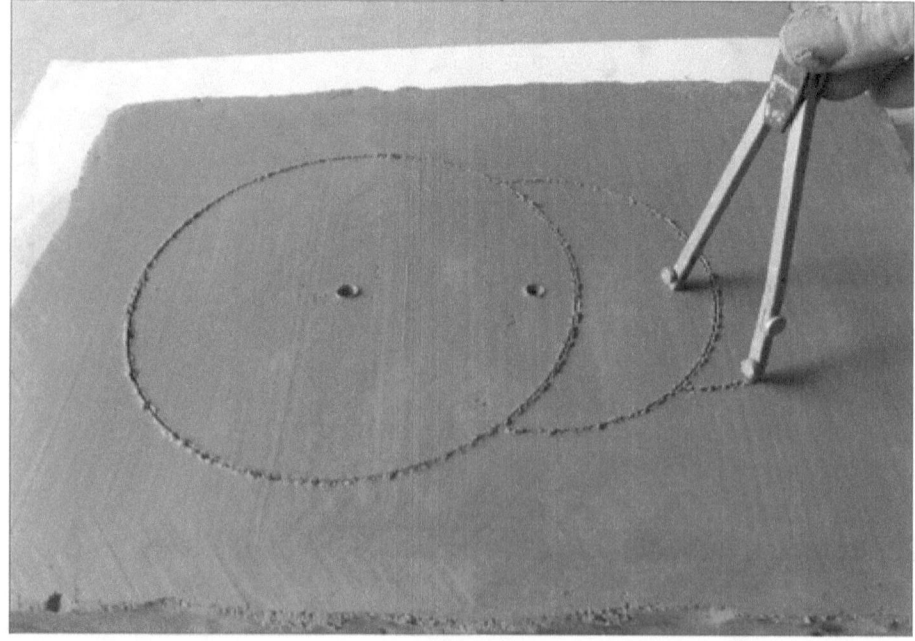

Esculpimos/dibujamos la superficie con un compás.

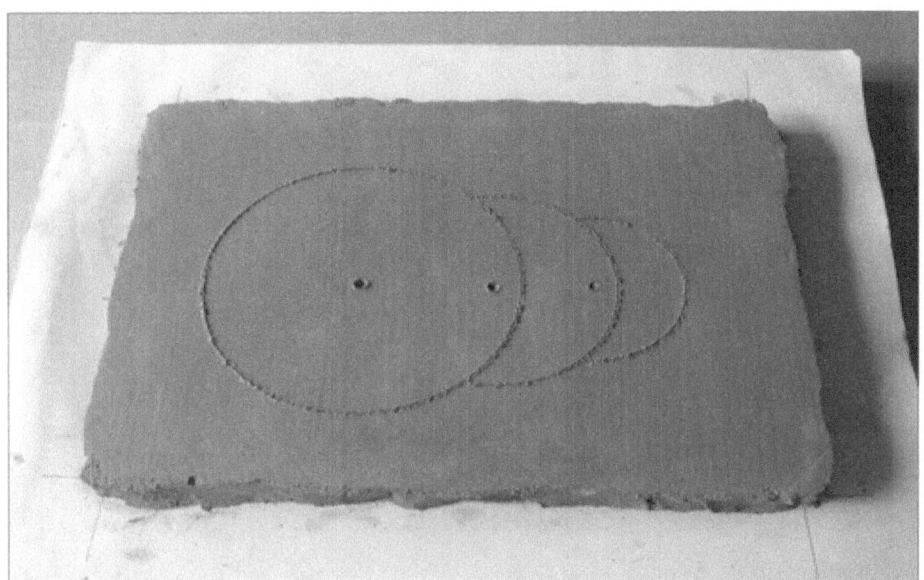

Dibujo terminado.

Fase 7

Haremos una incisión con el instrumento E a lo largo y coincidiendo con el dibujo. La profundidad de la incisión dependerá de cuanto espesor queremos dar a las figuras del bajorrelieve. En este caso he decidido incidir una profundidad de aproximadamente un centímetro.

El procedimiento se puede observar en las figuras siguientes.

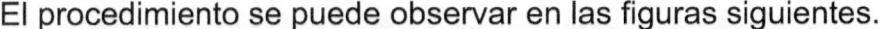

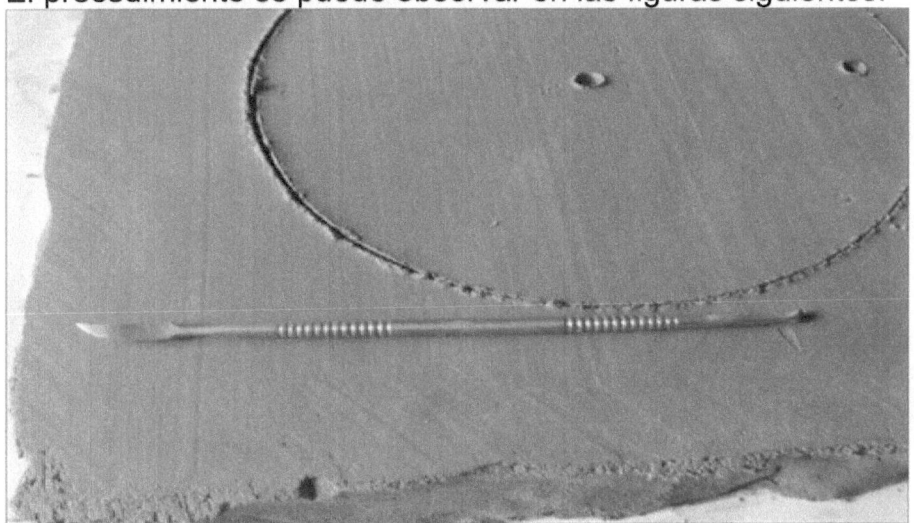

Instrumento E.

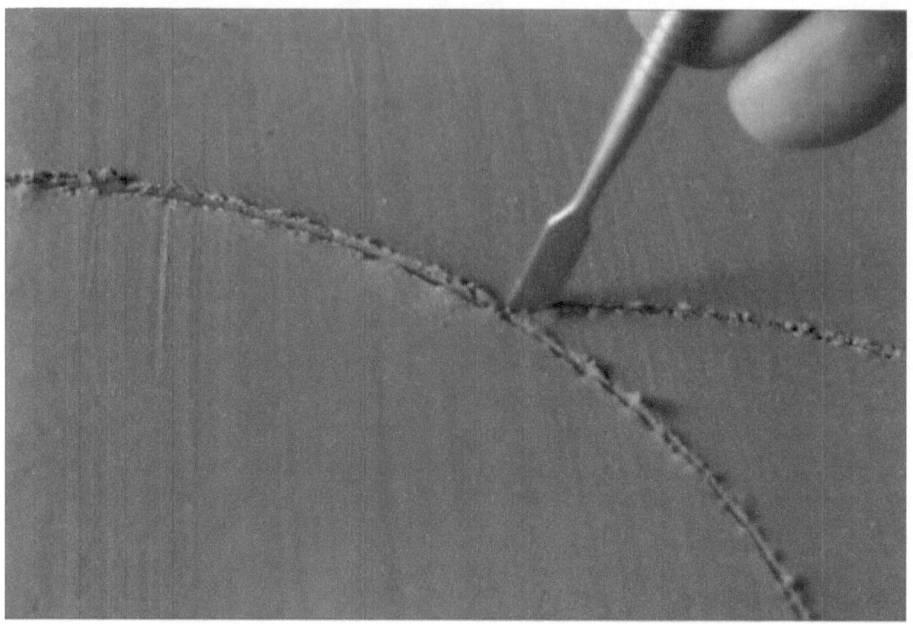

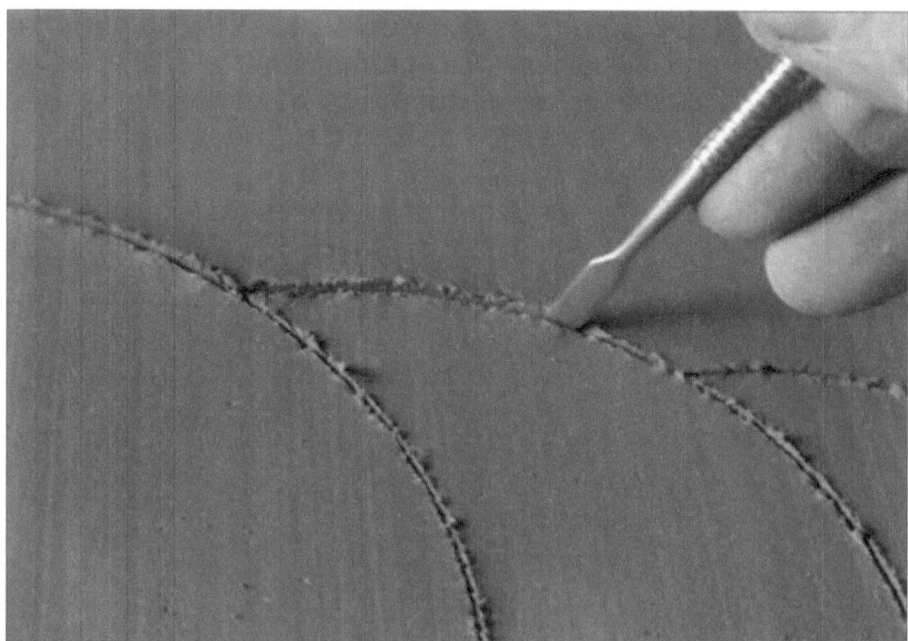

Apreciar la profundidad de la incisión que debe ser lo más uniforme posible.

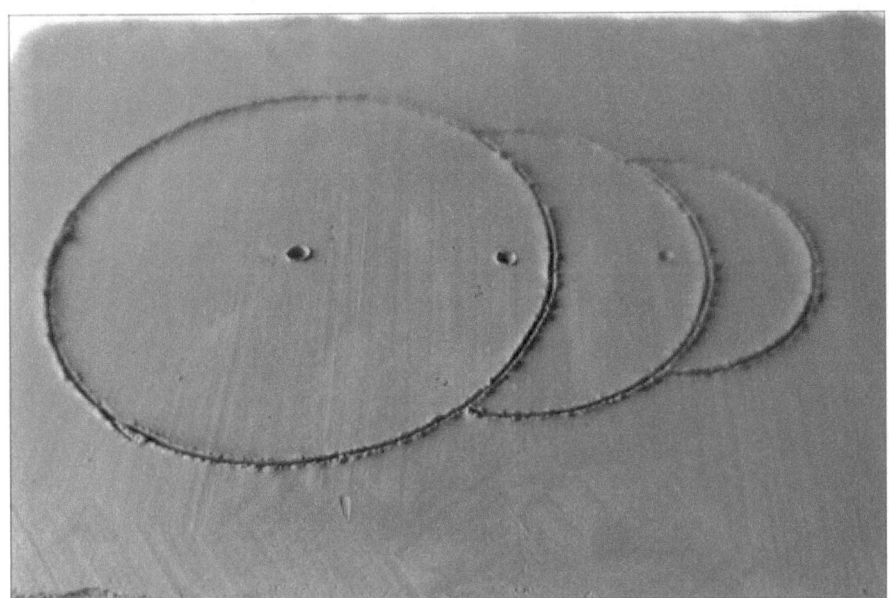

Incisión terminada.

Fase 8

Togliamo l'argilla intorno alla traccia delle fere per la profondità dell'incisione fatta nella fase precedente (un centimetro circa) con le spatole F, G e H. Quitamos, con las espátulas F, G y H, la arcilla que se encuentra alrededor del trazado de las esferas con la profundidad hecha en la fase anterior (alrededor de un centímetro).

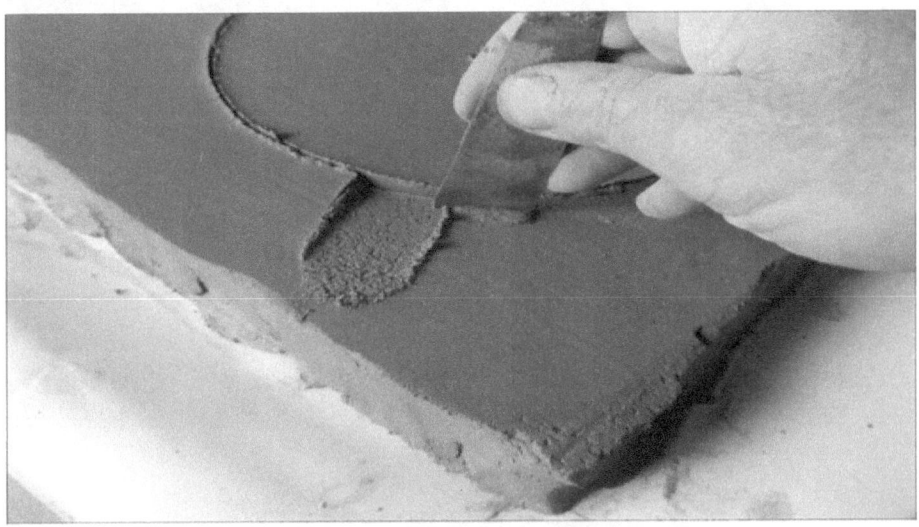

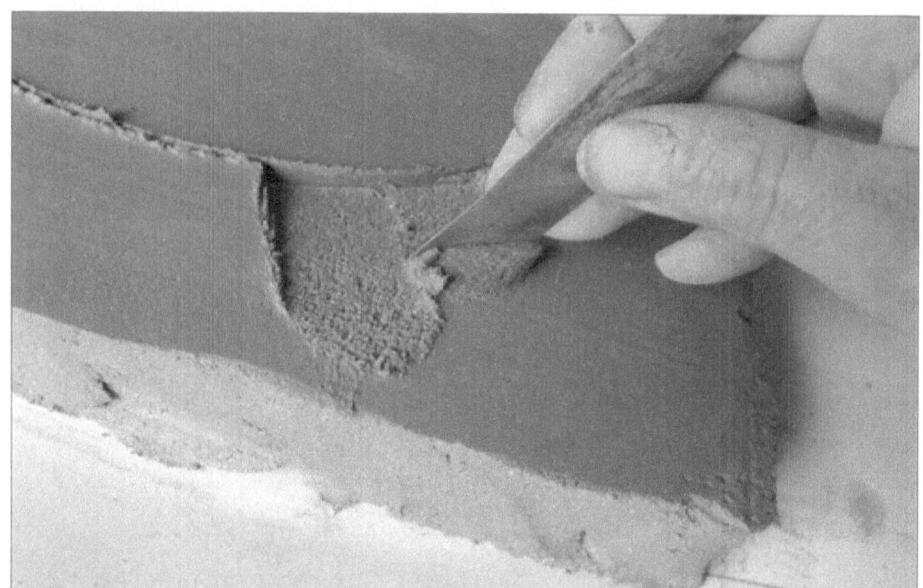

Introducimos la espátula en la incisión del perímetro de la esfera y tiramos hacia el borde externo del plano de arcilla, reduciendo la presión a medida que se alcanza el mismo.

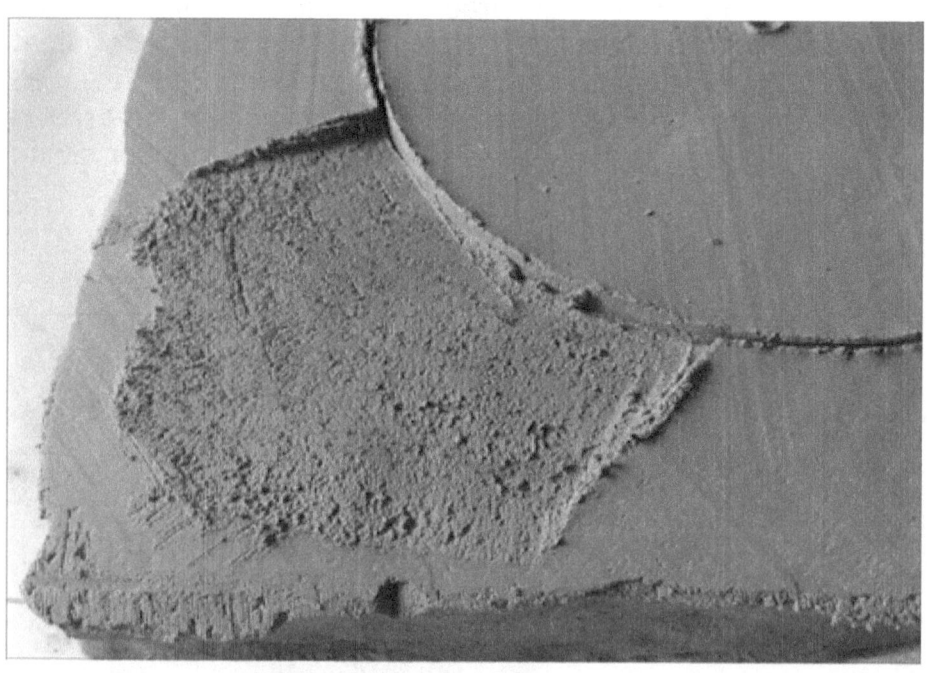

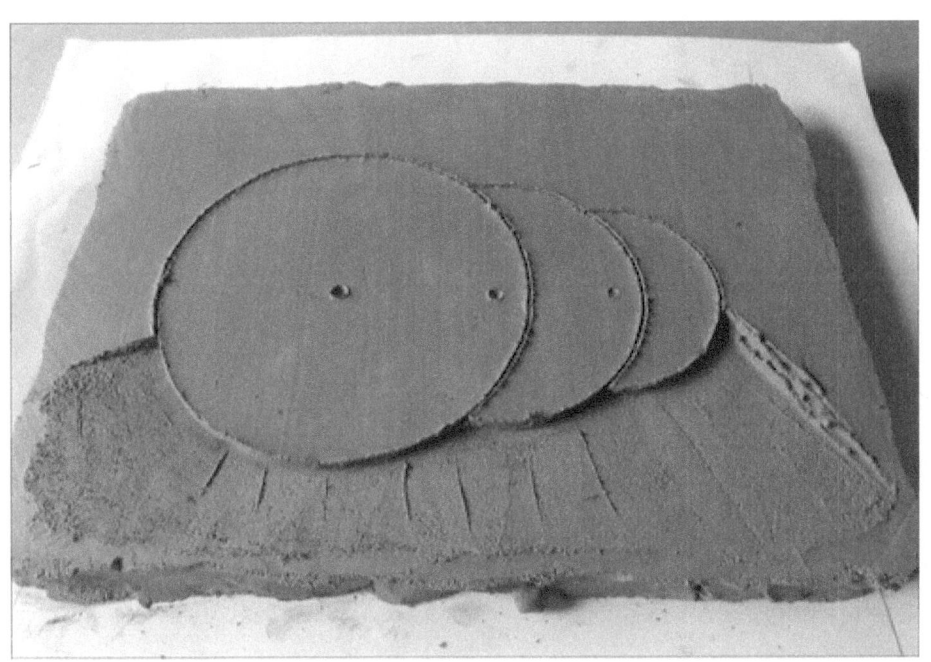

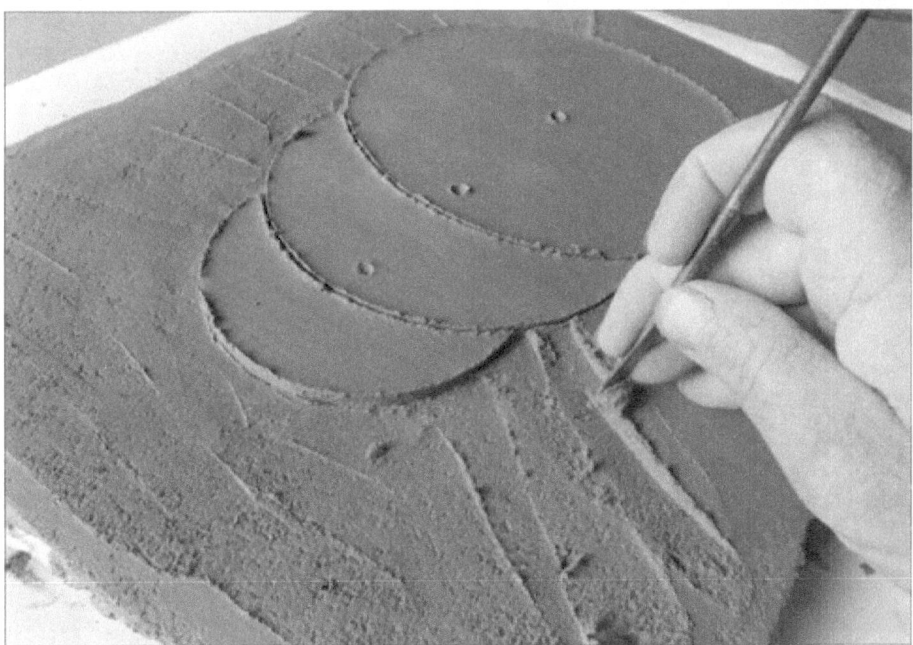

Utilizamos las tres espátulas de medidas diferentes según la necesidad. La más grande para desengrosar y las más pequeñas en los puntos más difíciles.

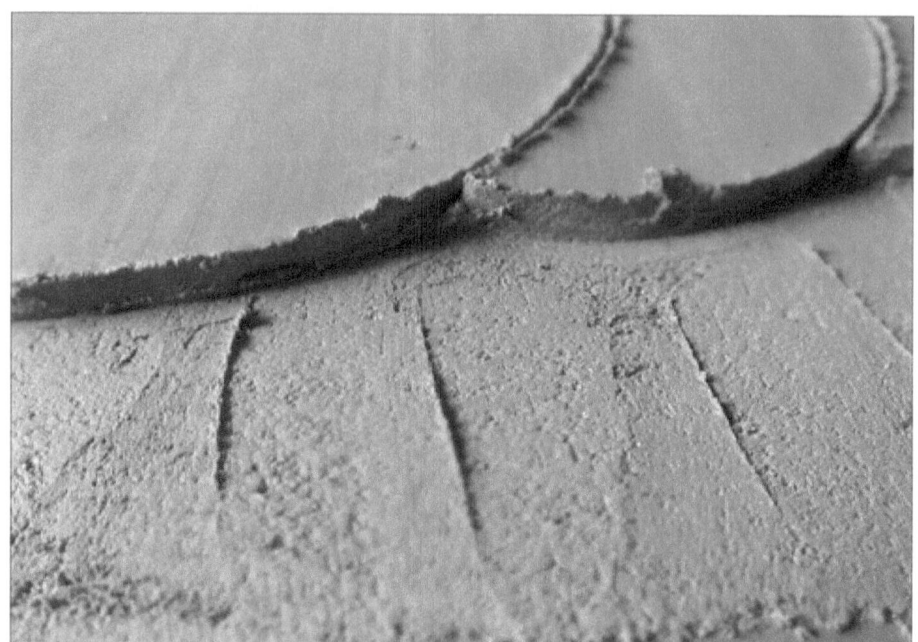

La altura del borde de las esferas tiene que ser uniforme en cada apunto de su circunferencia.

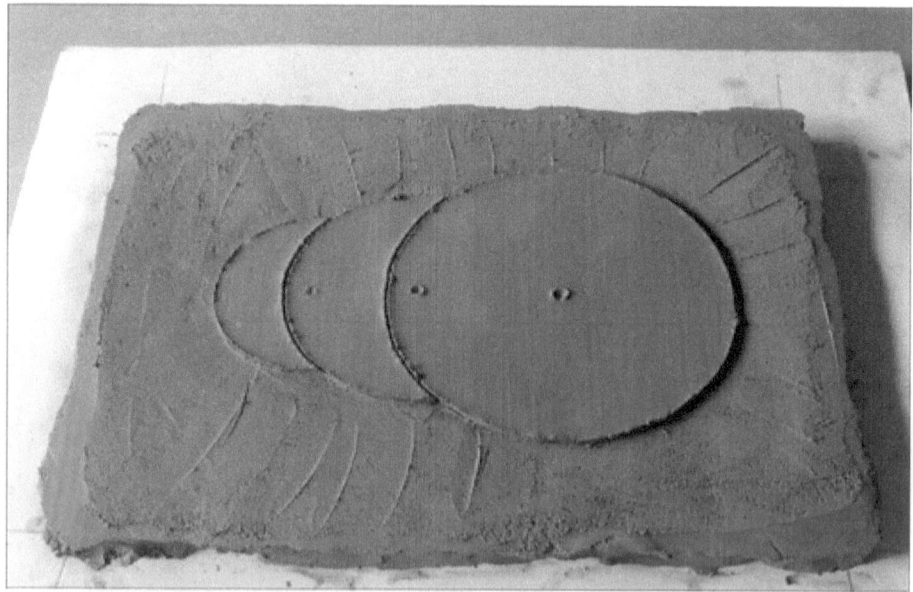

Las esferas quedan evidenciadas sacando toda la arcilla de su alrededor.

Fase 9

El alisado del fondo alrededor de las esferas se obtiene usando las diversas espátulas, desde la más grande hasta la más pequeña según la necesidad; como se puede ver en las fotos sucesivas.

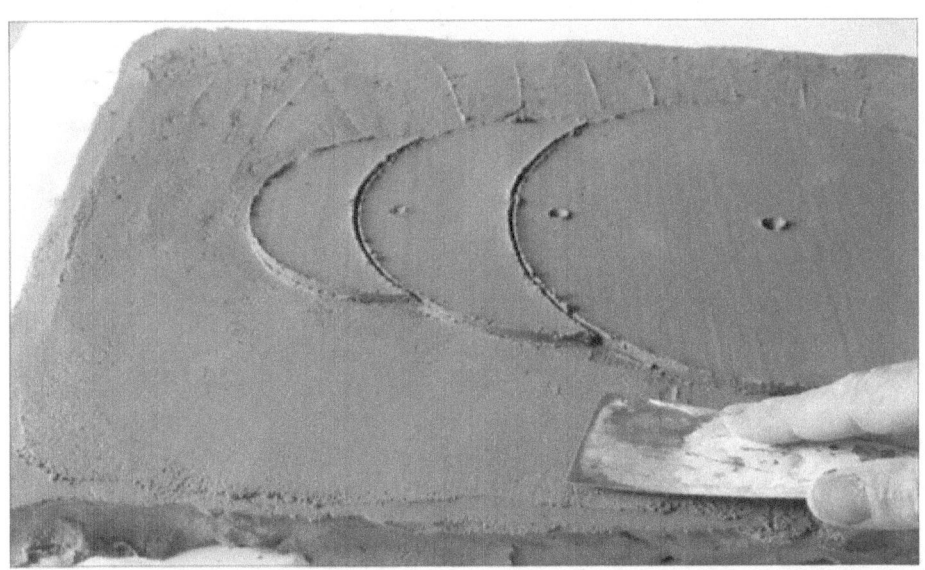

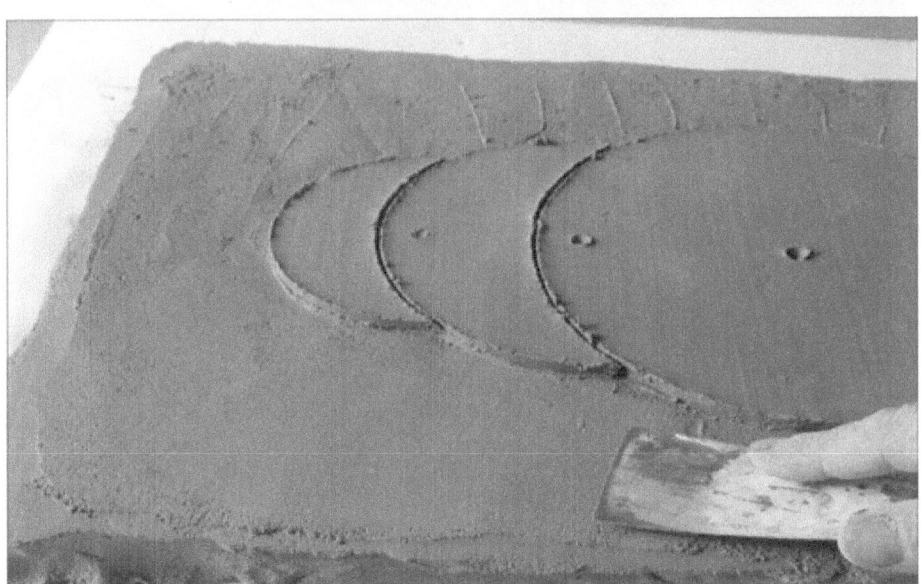

Para los espacios más amplios usamos las espátulas más grandes.

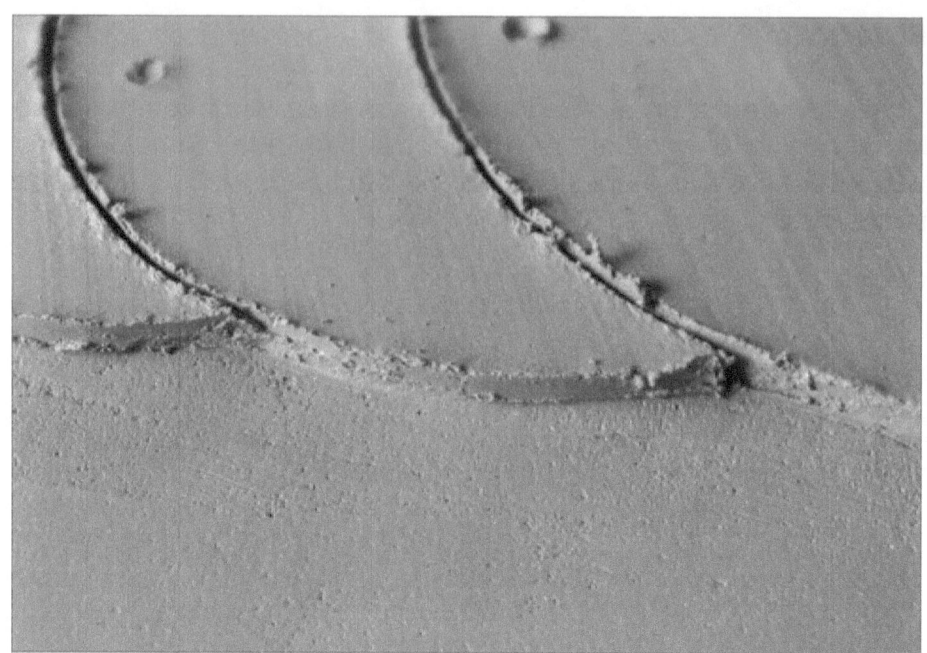

Prestemos mucha atención para ser precisos en los bordes de las figuras, hagamos que los ángulos sean netos y rectos, fielmente al proyecto de las figuras modeladas.

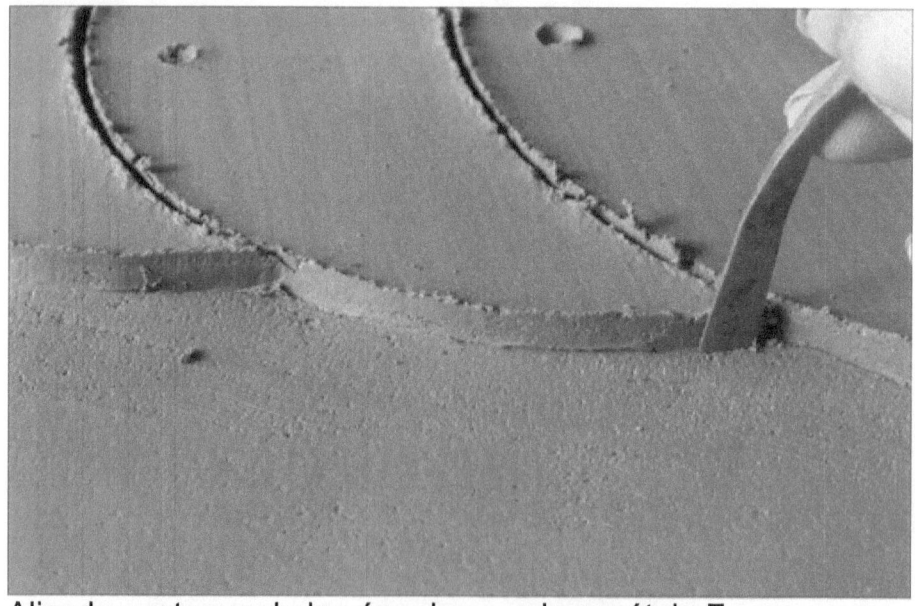

Alisado y retoque de los ángulos con la espátula F.

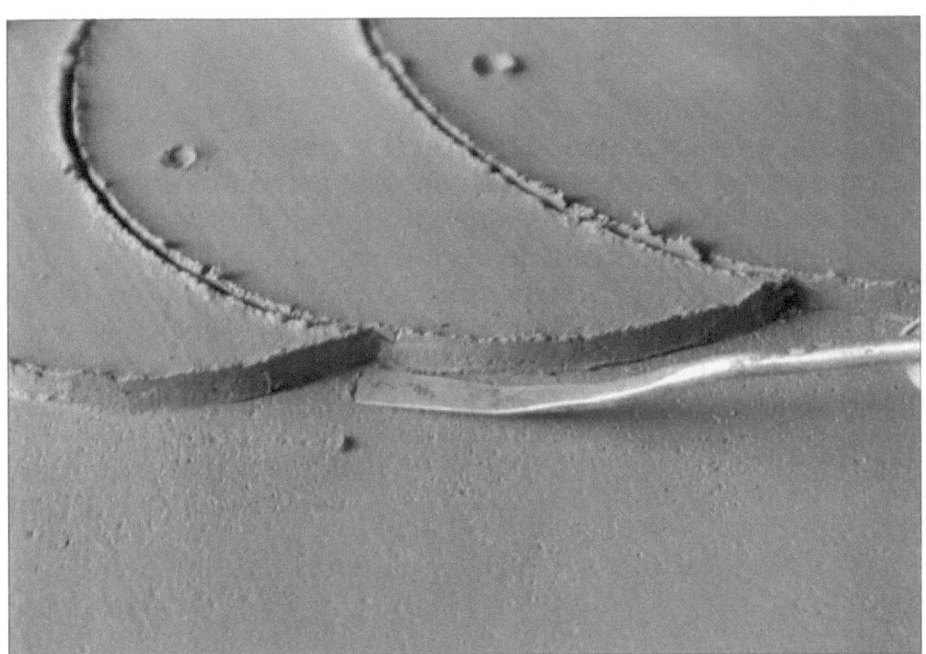

Retocamos aún con la espátula F.

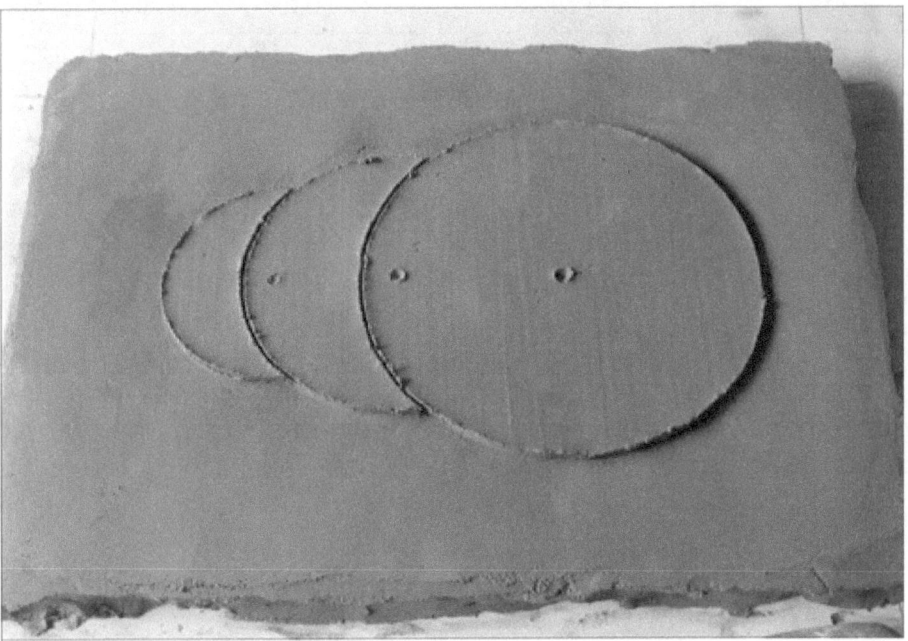

Alisado terminado.

Fase 10

En esta fase haremos dos operaciones muy importantes y delicadas: en primer lugar daremos el espesor justo a cada uno de las esferas, de modo tal que se pueda crear el efecto de la perspectiva; luego, en la segunda operación, daremos forma redondeada a la superficie de las mismas.

Para comprender bien la operación que tenemos que hacer para crear el efecto de perspectiva lo más verosímil posible en el bajorrelieve, he realizado un esquema en el cual muestro, de manera simplificada, la sección del bajorrelieve y las varias alturas de las esferas.

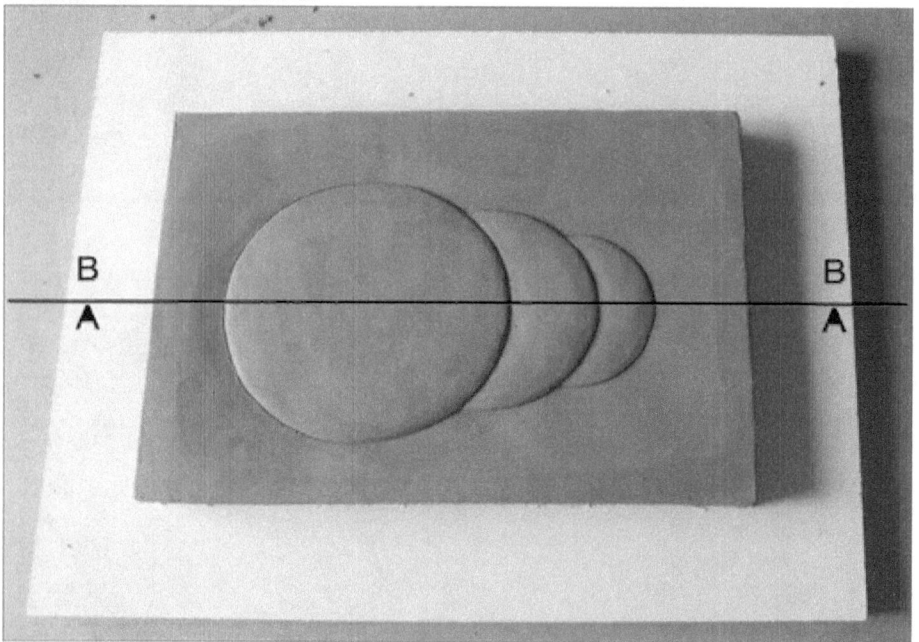

La línea B-B se refiere al punto en el cual hacemos un corte immaginario para poder observar, en dicha sección, las alturas de las tres esferas.

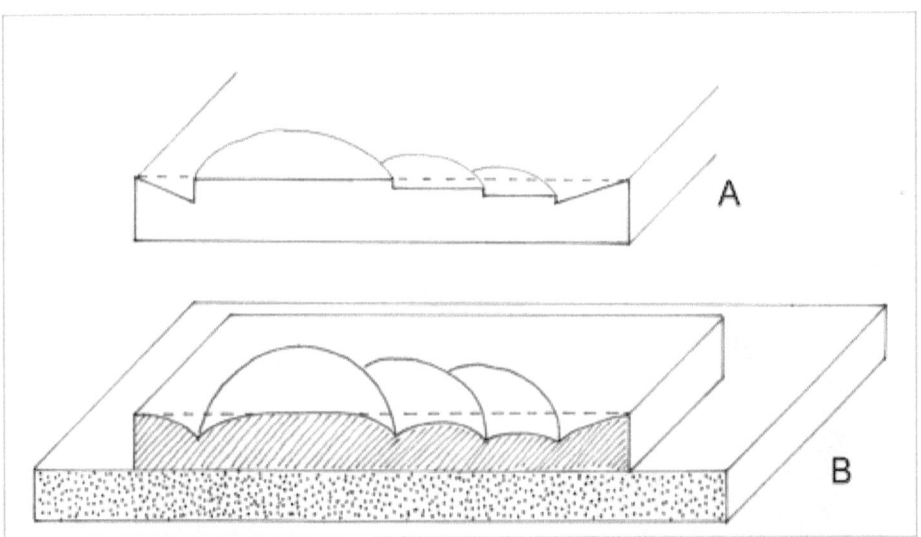

Tanto en figura A, de manera más esquemática, como en la figura B, de manera más detallada, se puede ver como cada una de las esferas tienen que tener una altura diferente y que van dismunuyendo desde la más alta a la más baja.

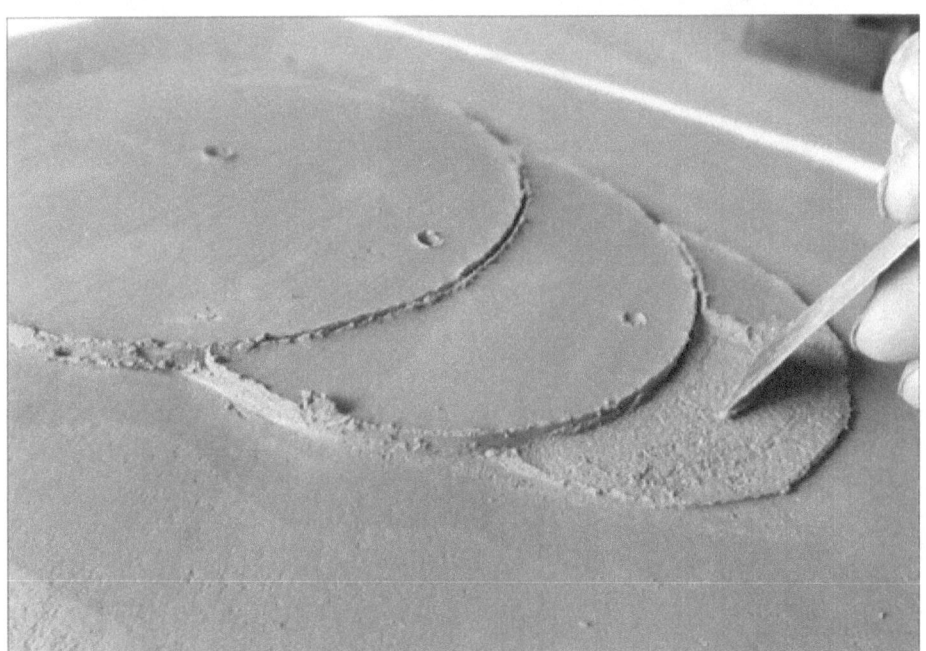

Se comienza siempre del objeto que debe tener el espesor menor y que en perspectiva parece el más lejano.
Para esta operación usaremos todas las espátulas según la necesidad.

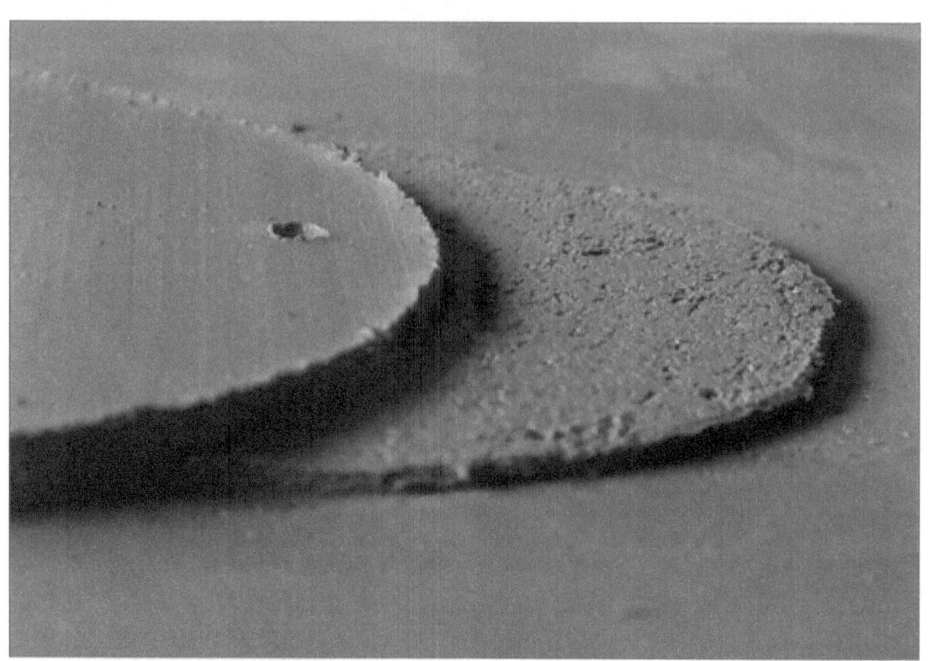

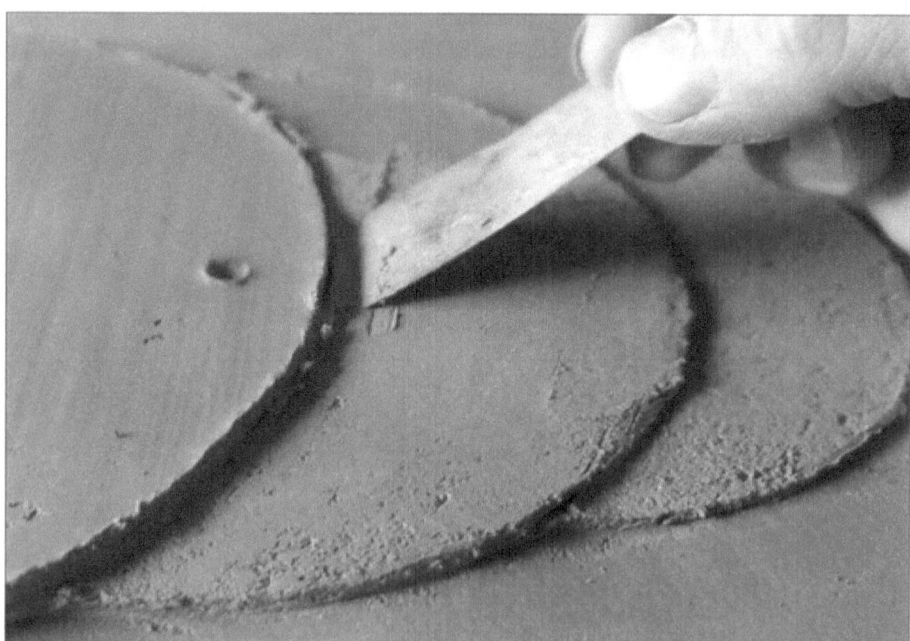

Trataremos ante todo de establecer cuales son los niveles que tenemos que realizar y luego obtenerlos en los varios puntos del bajorrelieve. Sólo, sucesivamente, daremos la forma combada/redondeada, para que ésta, si hecha inmediatamente, puede falsear la percepción de las alturas y los espesores.

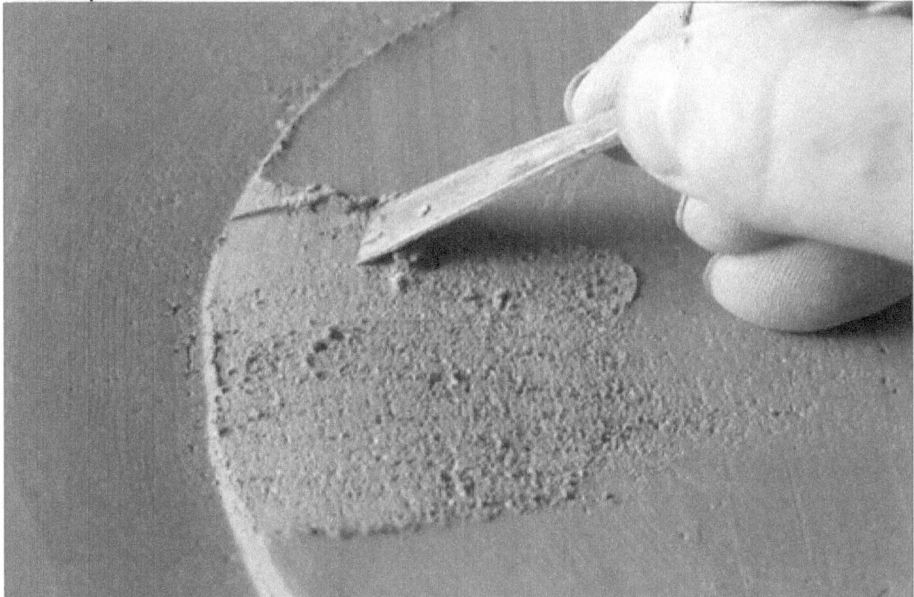

Después de haber terminado los niveles de las tres esferas, iniciaremos a darles la forma redondeada con las diversas espátulas.

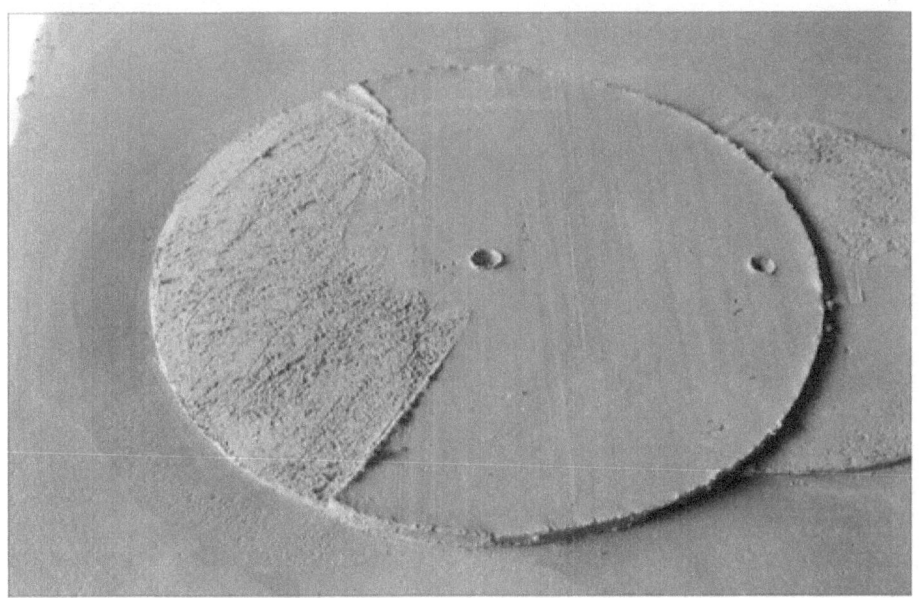

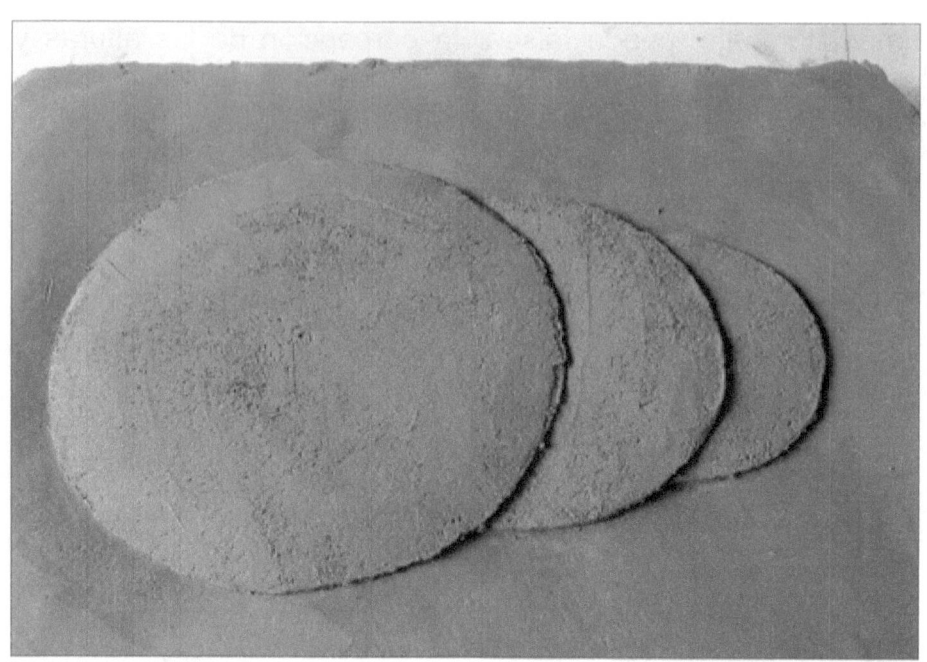

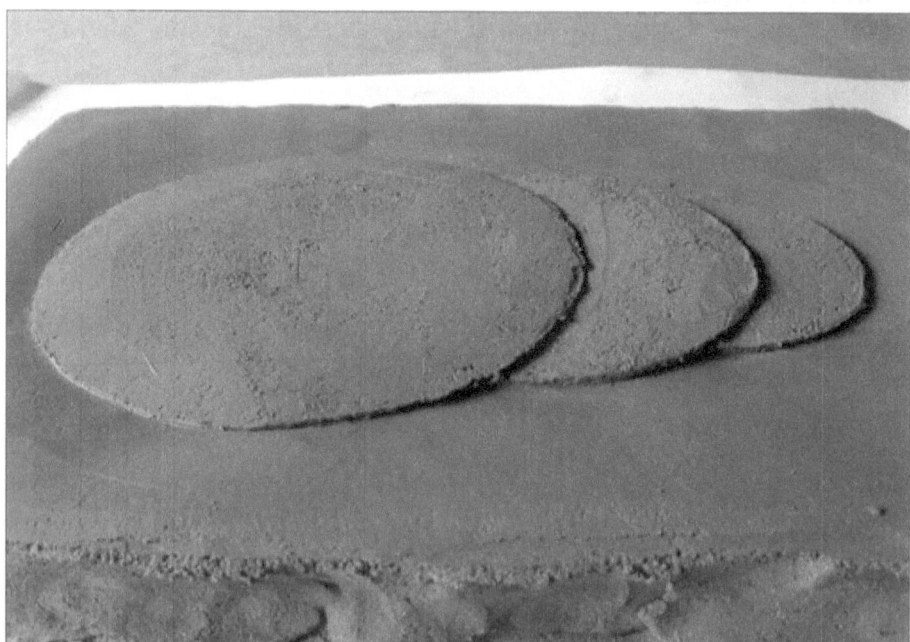

La superficie de las esferas tendrán ahora la forma levemente redondeada, pero no serán todavía claras.

Fase 11

El alisado de la superficie de las esferas puede ser hecho, aún, con las diferentes espátulas a disposición, también podemos ayudarnos con los dedos, pero nunca, absolutamente nunca, se tienen que mojar los dedos o las espátulas en el agua, aunque si lo hacemos resultará más fácil la operación de alisado después de la cocción, allí donde se haya pasado con espátulas empapadas de agua, la arcilla cocida asumirá un color más claro y por lo tanto serán visibles estrias antiestéticas que harían desagradable la obra realizada.

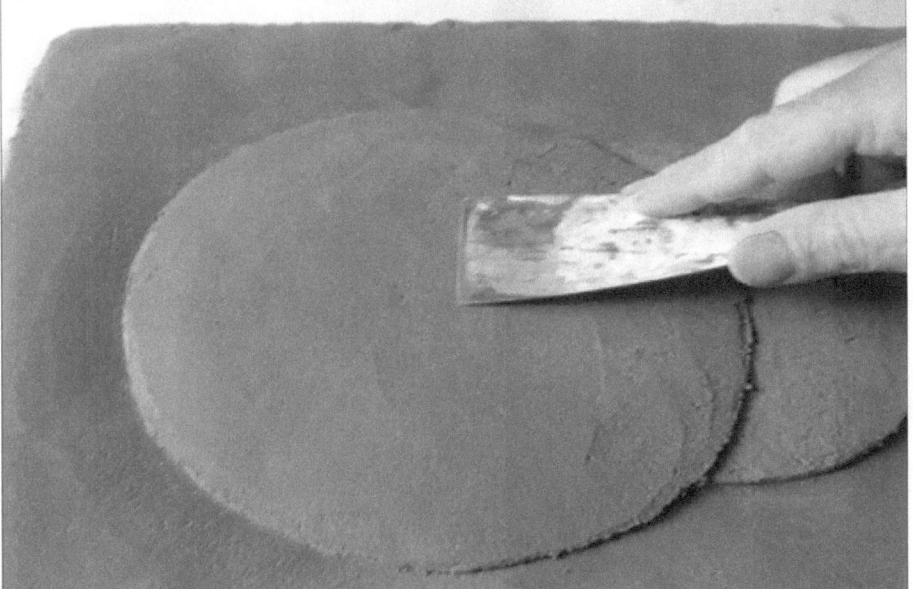

Para las superficies más amplias usamos espátulas grandes.

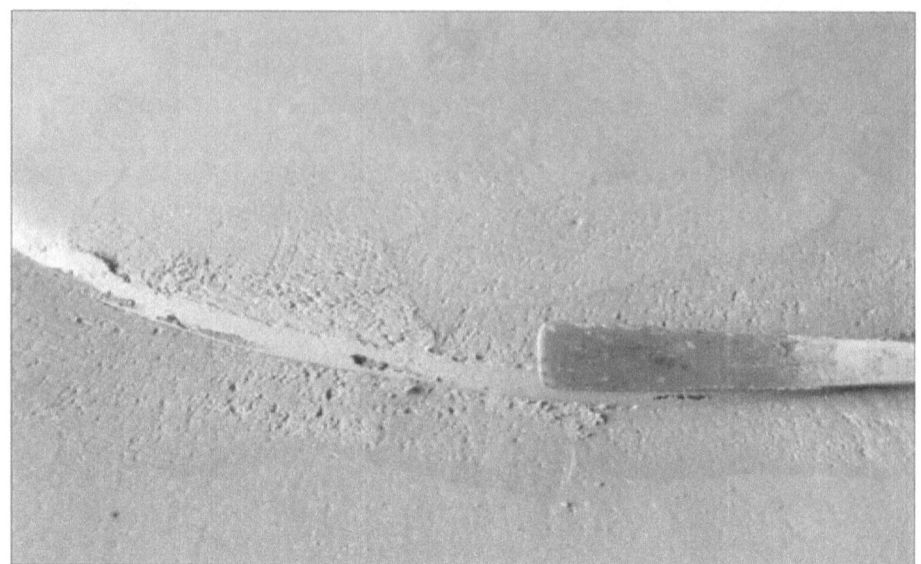

Para las superficies más estrechas usamos espátulas pequeñas.

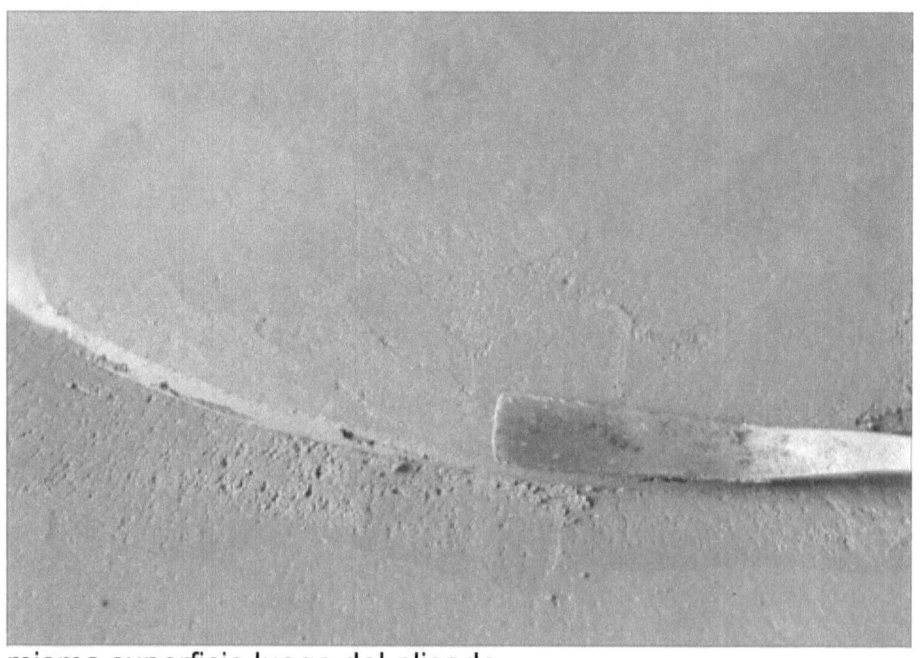

misma superficie luego del alisado.

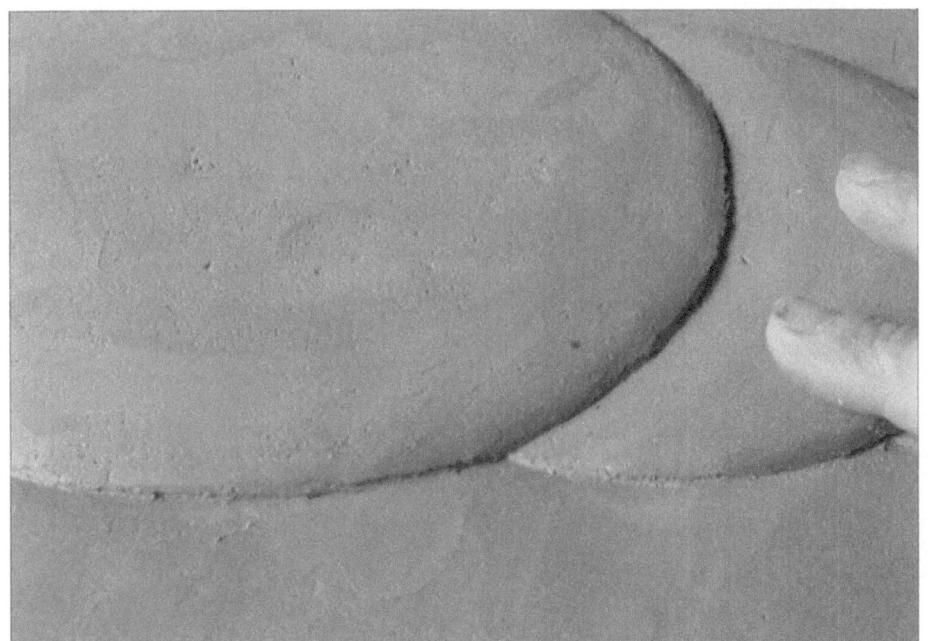

En algunos puntos podemos usar también los dedos, pero es preferible no usarlos porque la superficie de la arcilla, incluso aparentemente lisa, conservaría en todo caso eventuales ondulaciones que los dedos no lograrían sacar.

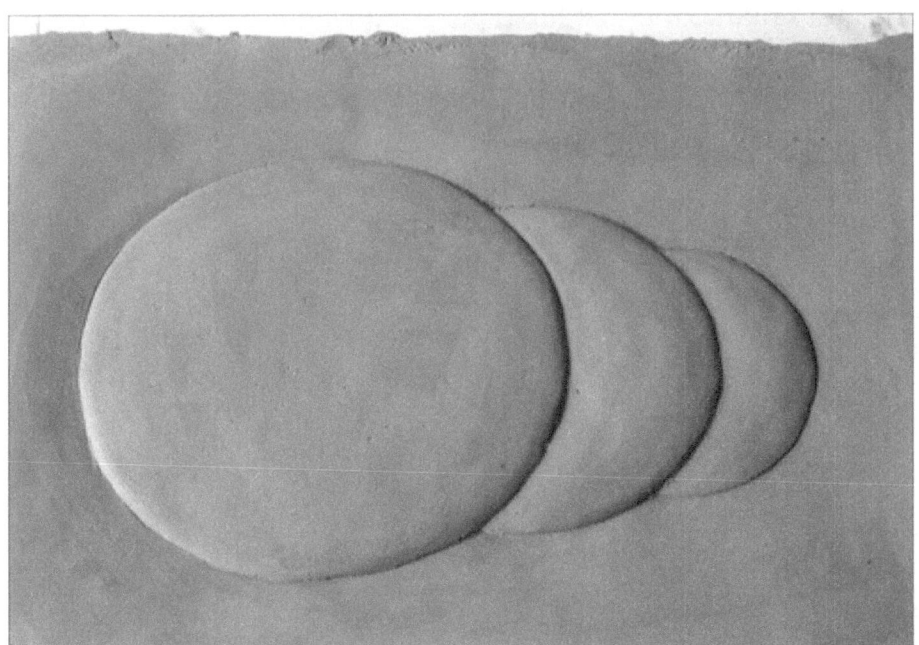

Ahora el alisado de las esferas se puede considerar terminado pero, todavía, los bordes son imprecisos; por este motivo tenemos que realizar otras operaciones que podemos ver en las imágenes sucesivas.

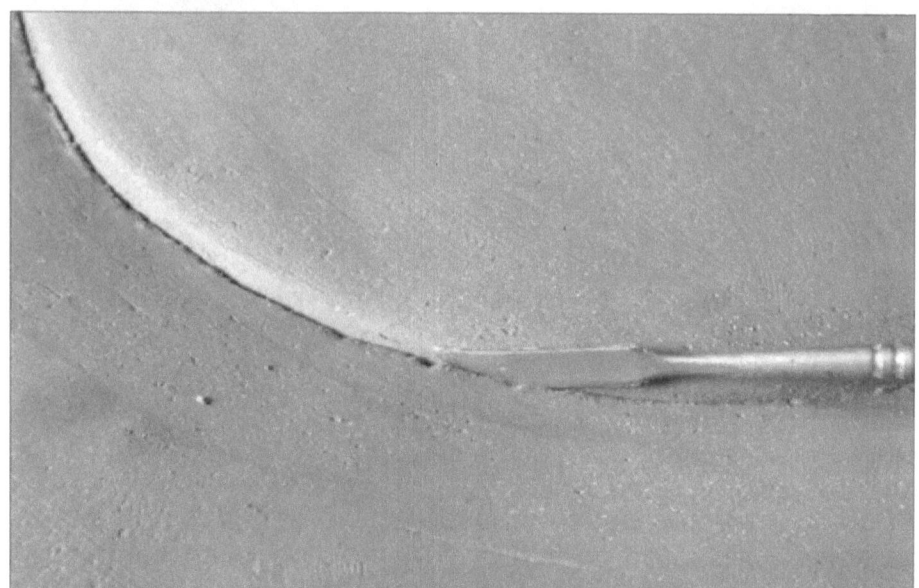

Para hacer los bordes de las figuras más netos y precisos, aconsejo evidenciarlos repasándolos con la hoja cortante de este instrumento, hundiéndola por 1-2 milímetros.

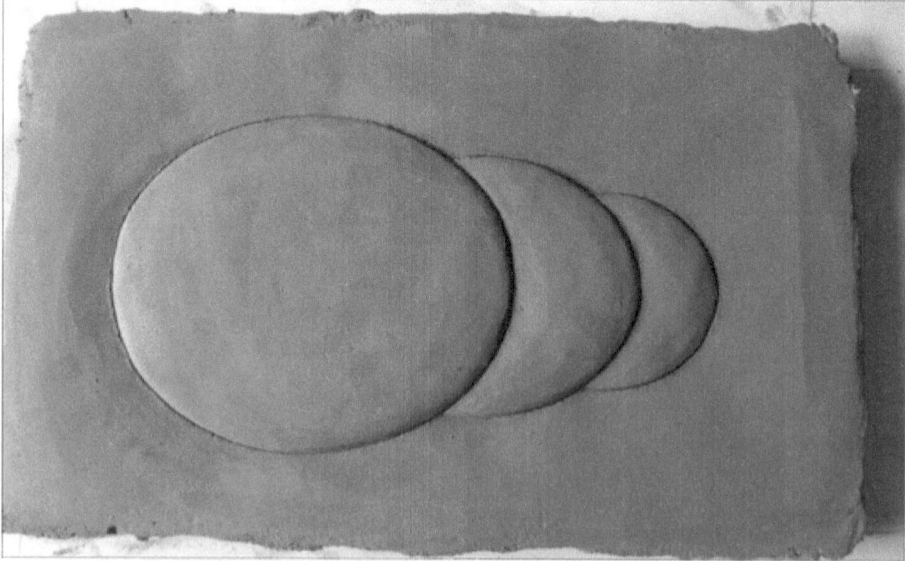

Ahora las figuras son más netas y evidentes con respecto al fondo.

Fase 12

Para la escuadría de los bordes del bajorrelieve es necesario sacar la arcilla en exceso. Para realizar correctamente la operación, se puede seguir el procedimiento indicado en las imágenes siguientes.

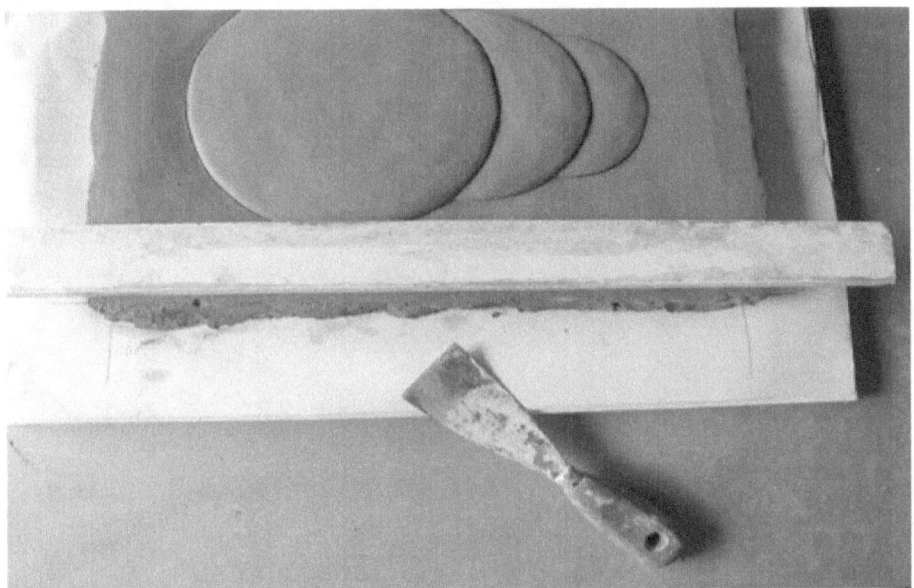

Apoyamos el asta de madera que hemos usado anteriormente para alisar al borde del plano del bajorrelieve, de modo que coincida perpendicularmente con las marcas del lápiz del dibujo sobre la hoja de papel que está debajo.

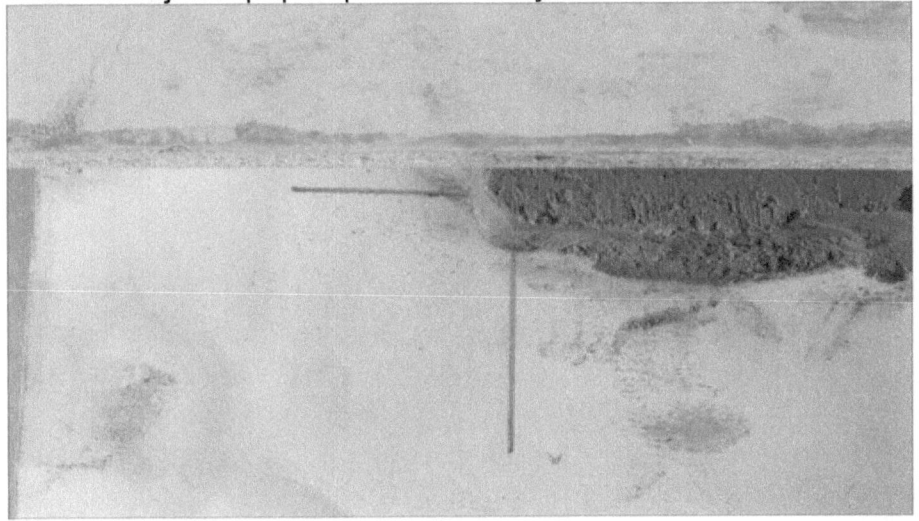

En evidencia se pueden ver las marcas del lápiz que tienen que coincidir perpendicularmente con el asta de arriba.

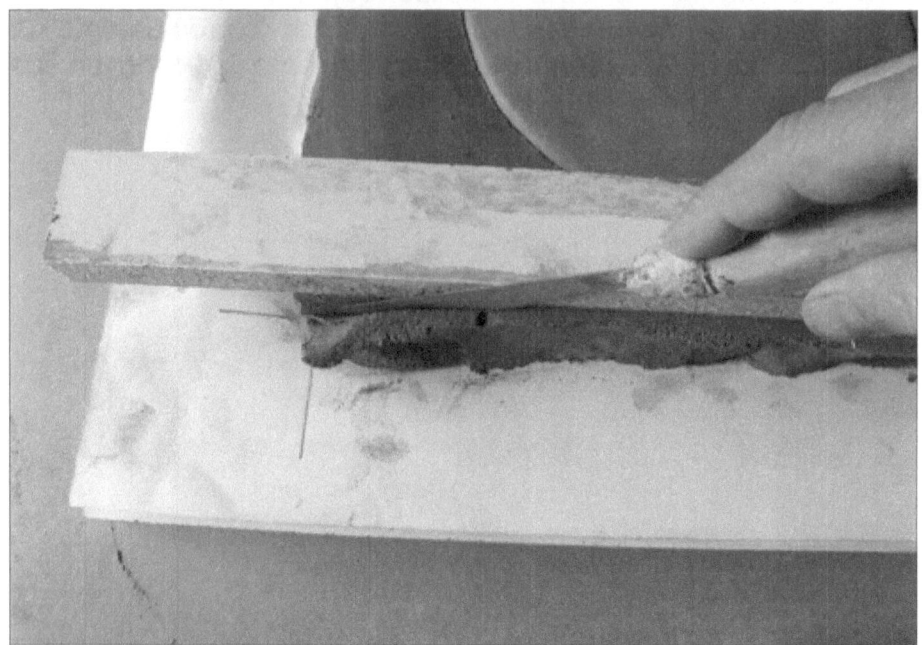

Con una espátula, cortamos la arcilla eccedente.

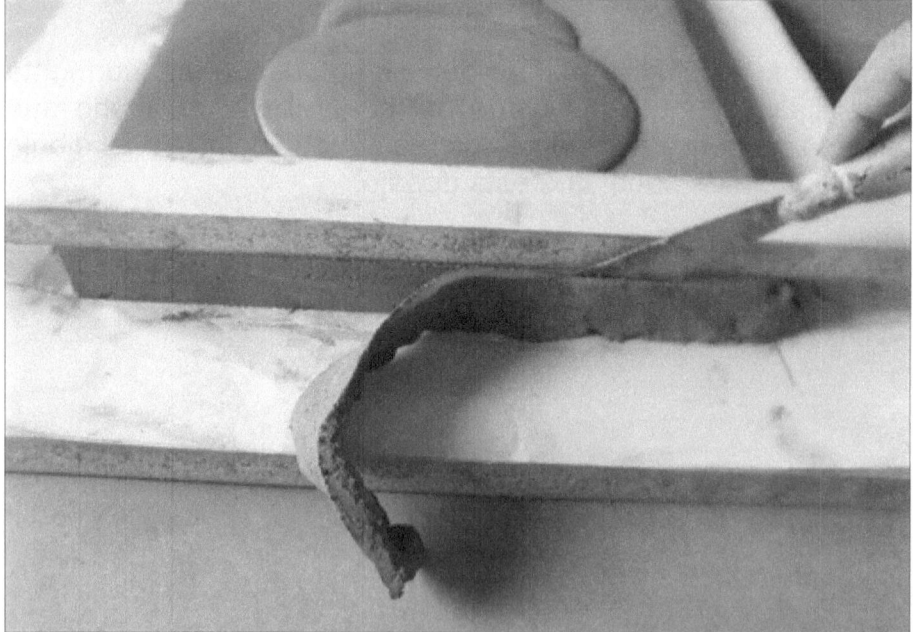

Cortando la arcilla eccedente, el bajorrelieve tendrá las dimensiones exactas de la escudría de la hoja de papel.

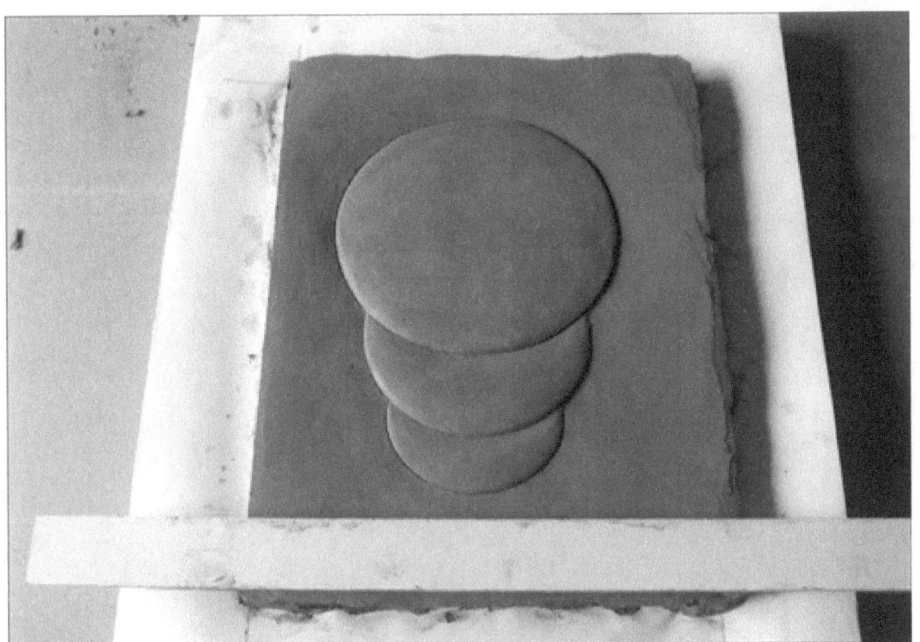

Repetimos la operación en los cuatro lados.

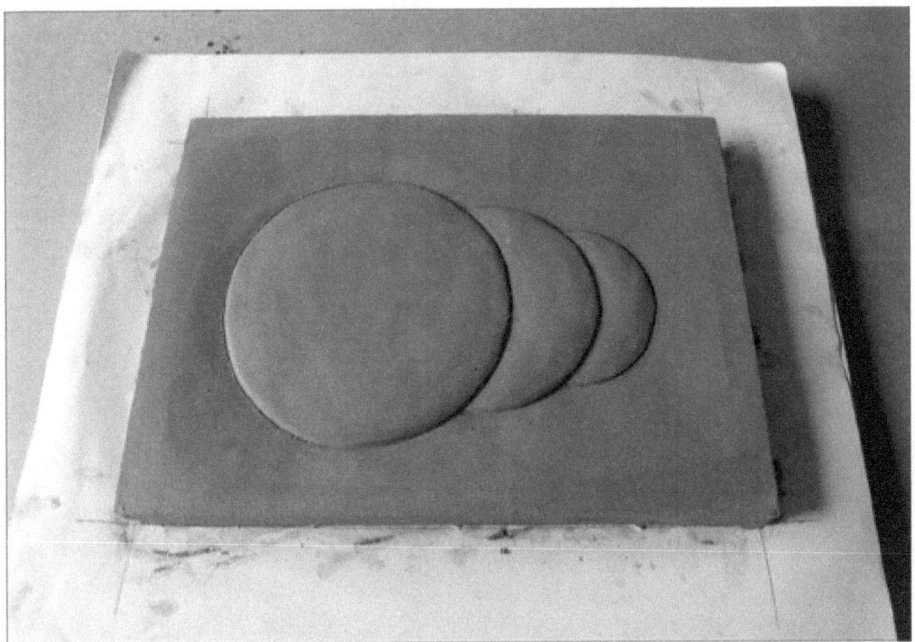

Bajorrelieve escuadrado.

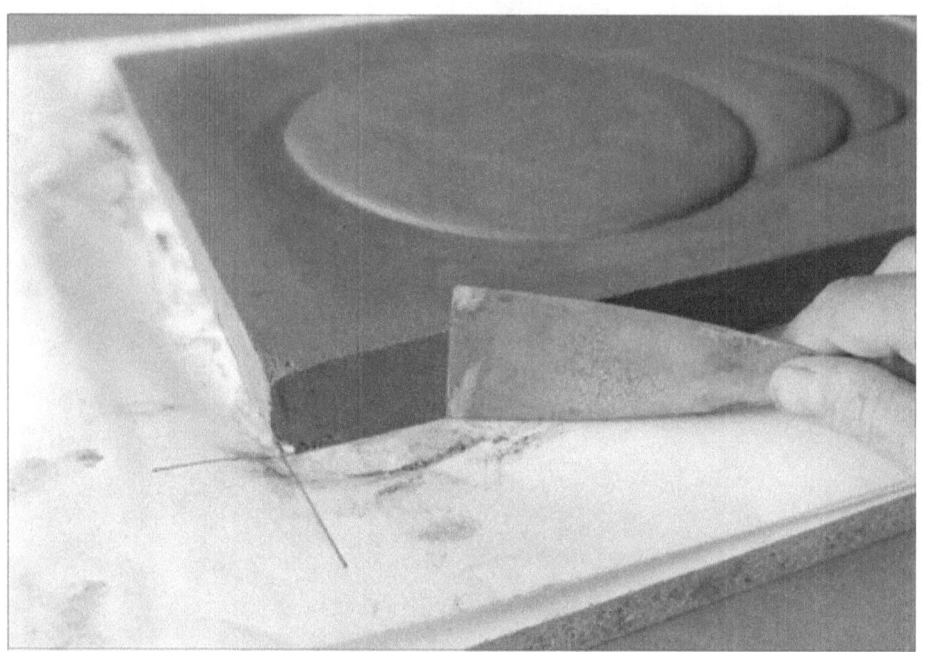

Trataremos de alisar con la espátula eventuales imperfecciones de los bordes.

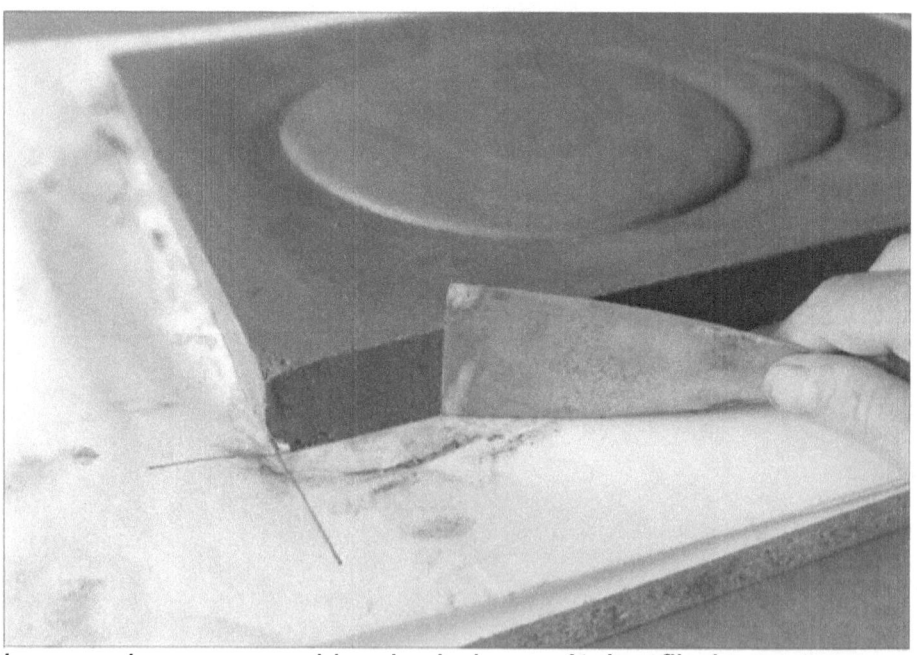

Luego, siempre con el borde de la espátula afilada, cortaremos el papel eccedente.

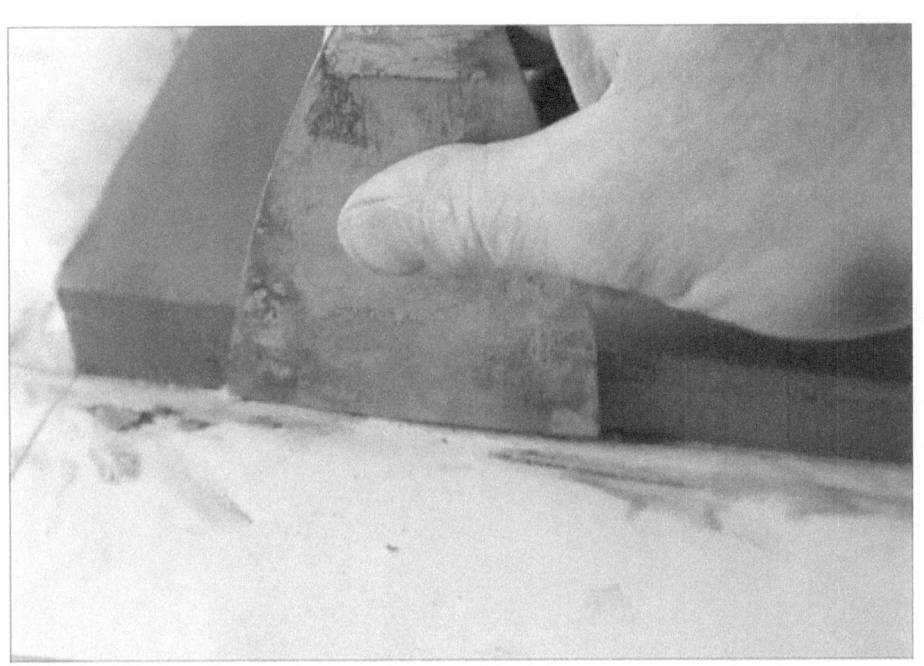

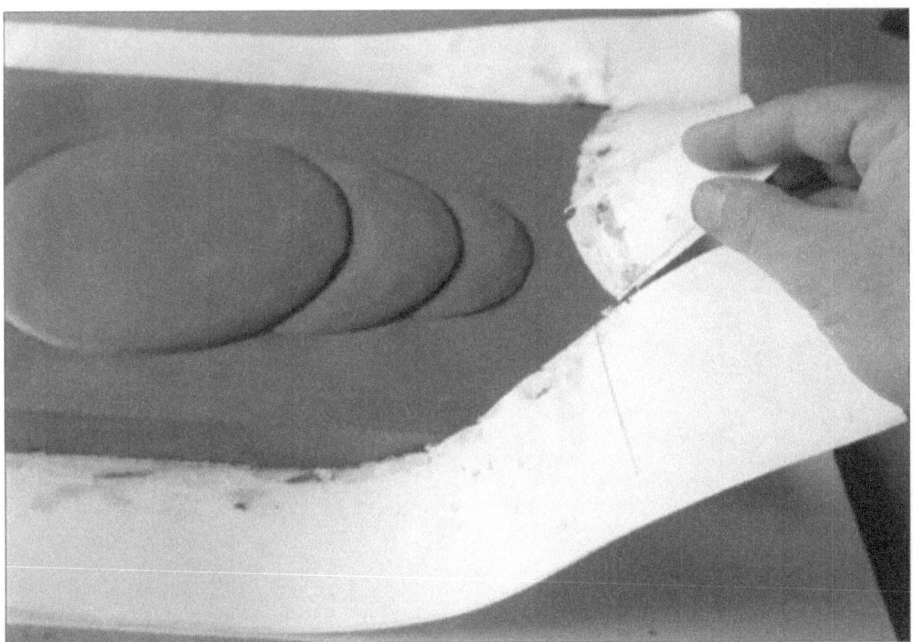

Quitamos el papel en ecceso.

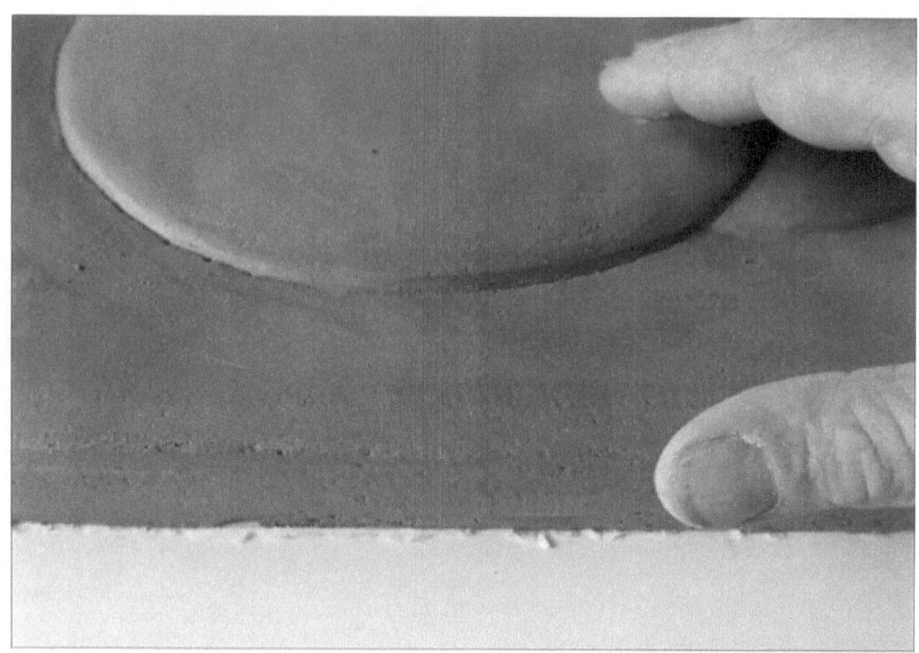

Ligero redondeo de los cantos o aristas superiores con el dedo
pulgar.

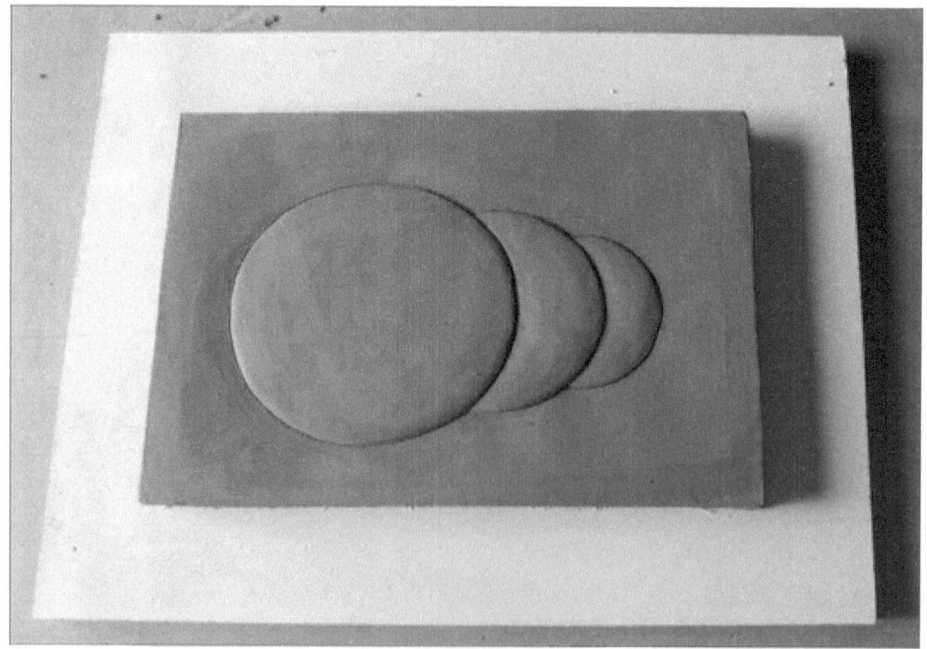

De este modo el bajorrelieve queda terminado.

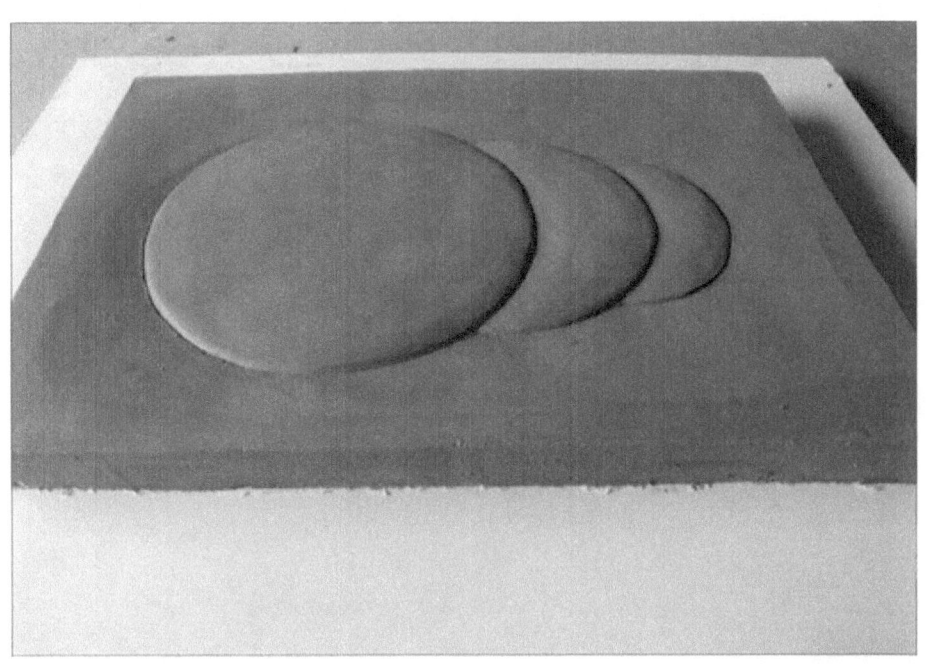

Segundo Ejercicio

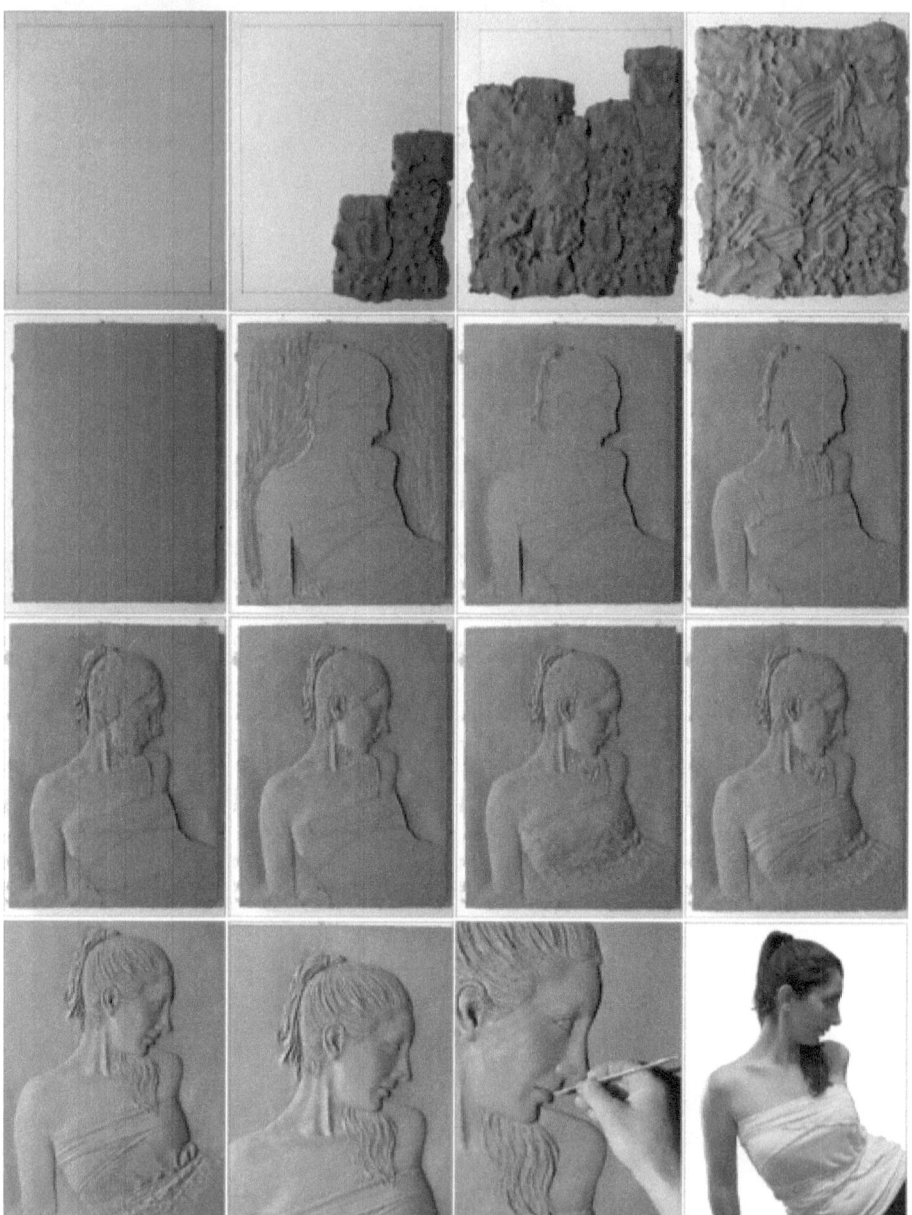

Ya con la experiencia que hemos tenido con el primer ejercicio, podemos afrontar un tema más complejo y estimulante, un bajorrelieve-retrato de medio busto.

En este caso usaremos arcilla común para verificar un mejor modelado con respecto a la refractaria, naturalmente no podremos cocerla luego en horno.

Las dimensiones del bajorrelieve serán de 80 x 60 centímetros y el espesor total del altorrelieve de 4 centímetros, mientras que el de la figura interior será de unos 2 centímetros.

También en este caso, como soporte, usaremos una tabla de conglomerado de madera ennoblecida de un espesor mayor con respecto al ejercicio anterior, para evitar que el peso de la arcilla pueda doblar la tabla.

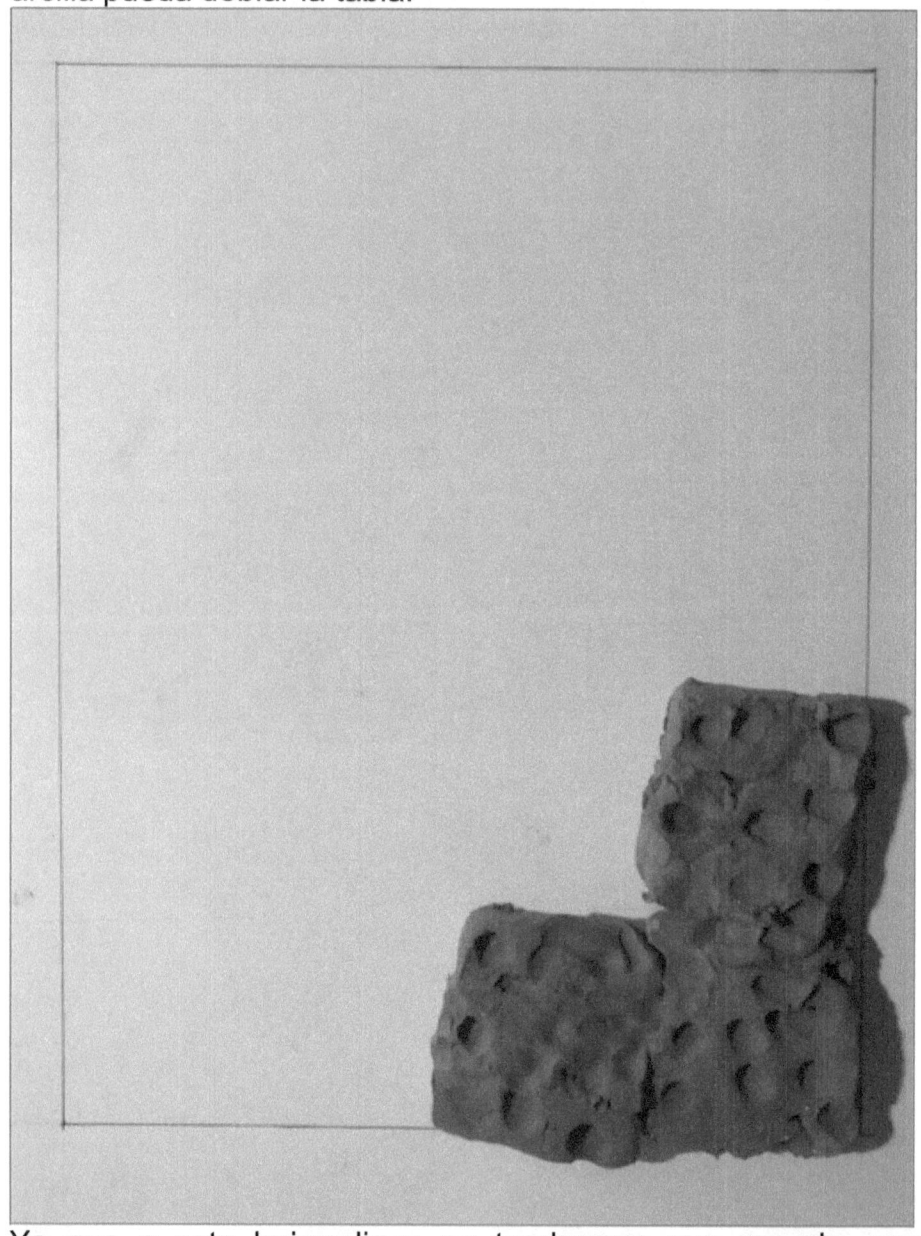

Ya que a este bajorrelieve no tendremos que cocerlo, nos servirá sólo para practicar y no necesitaremos despegarlo de la tabla, una vez terminado. Luego pondremos directamente la arcilla sobre ella.

Este modo de proceder nos ofrecerá una ventaja: la arcilla quedará bien pegada a la tabla y por consiguiente podremos ponerla verticalmente sobre un caballete, como si fuera una tela, y modelar el bajorrelieve en posición vertical.

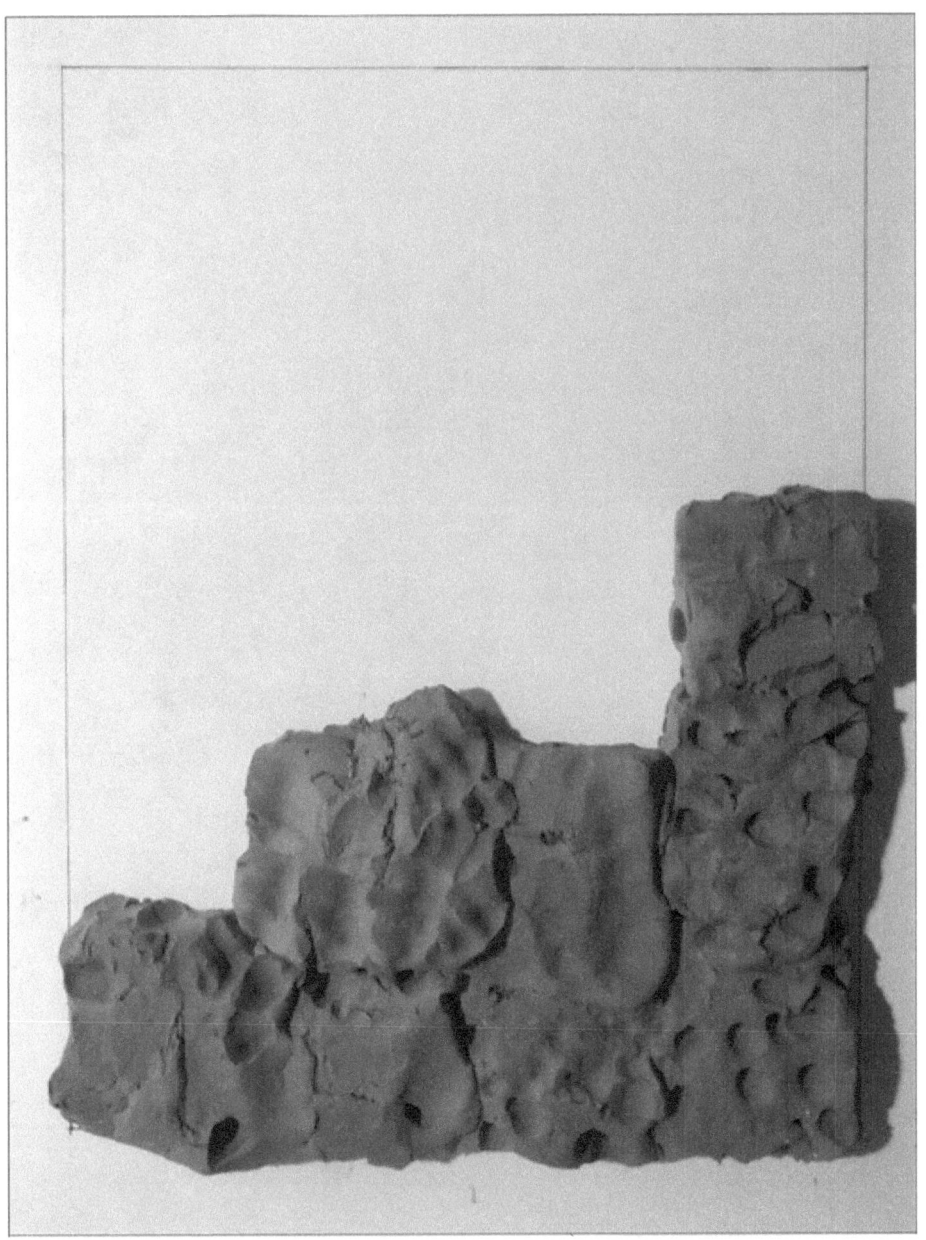

Dibujaremos directamente sobre la tabla la escuadría que delimita las dimensiones del bajorrelieve

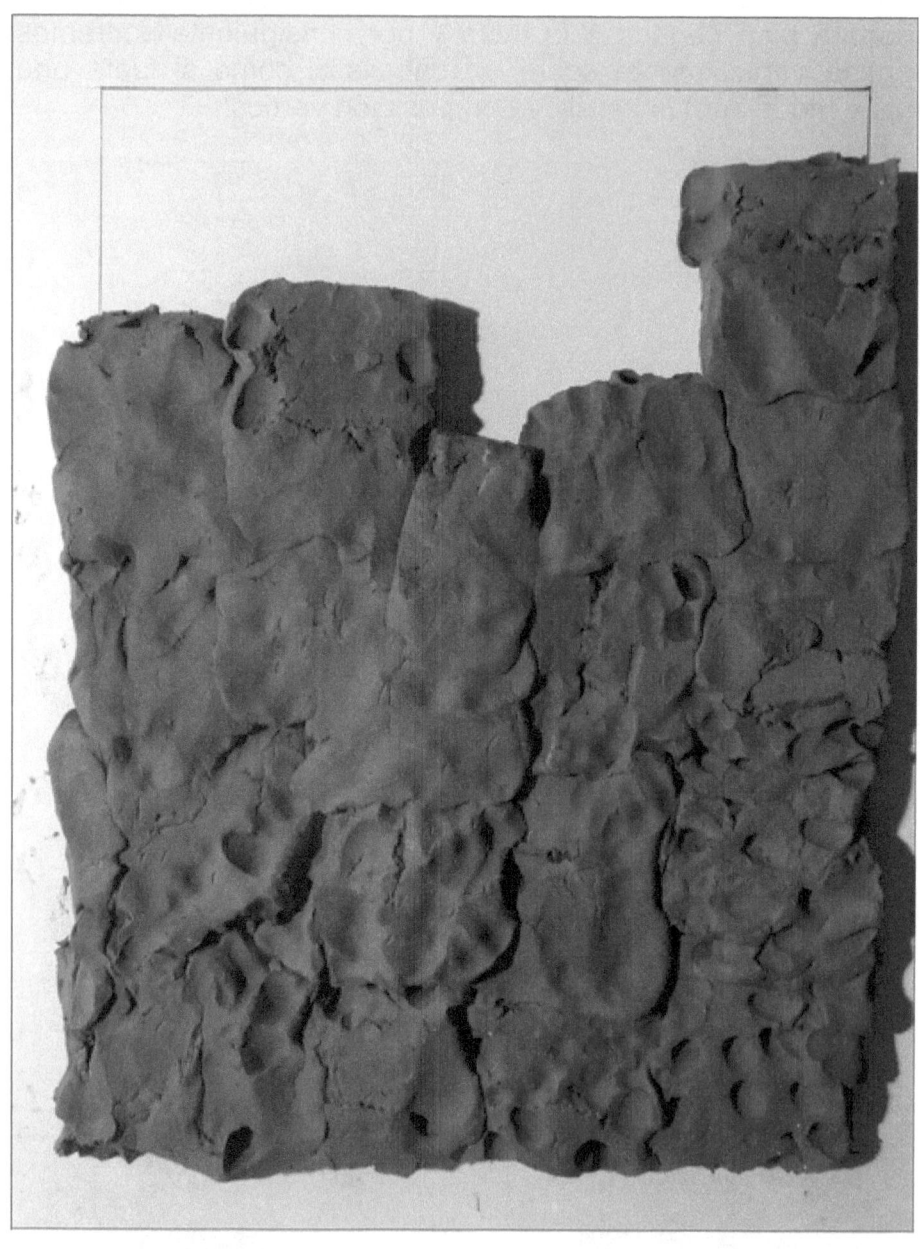

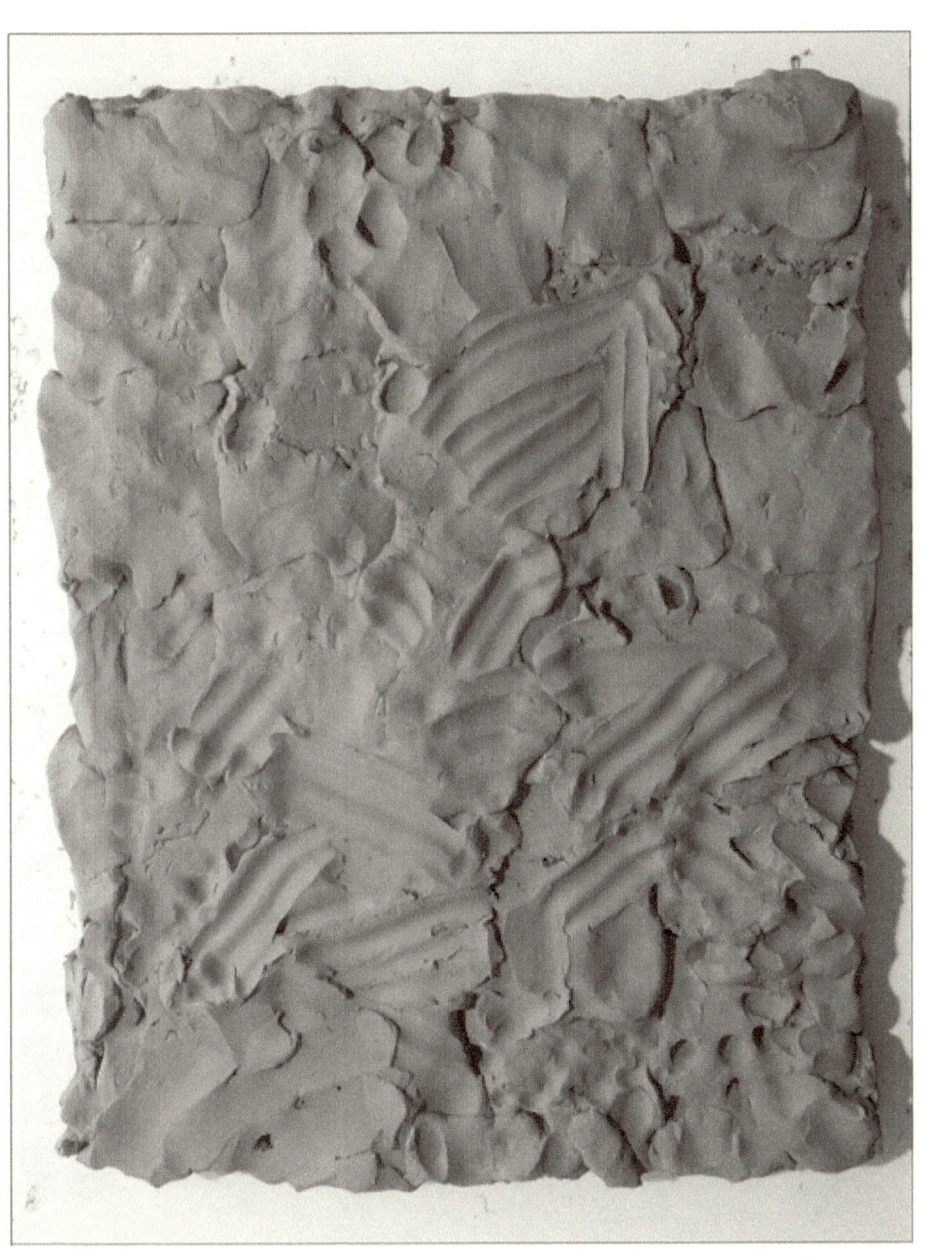

En esta fase nivelamos de modo burdo la arcilla con la espátula más grande

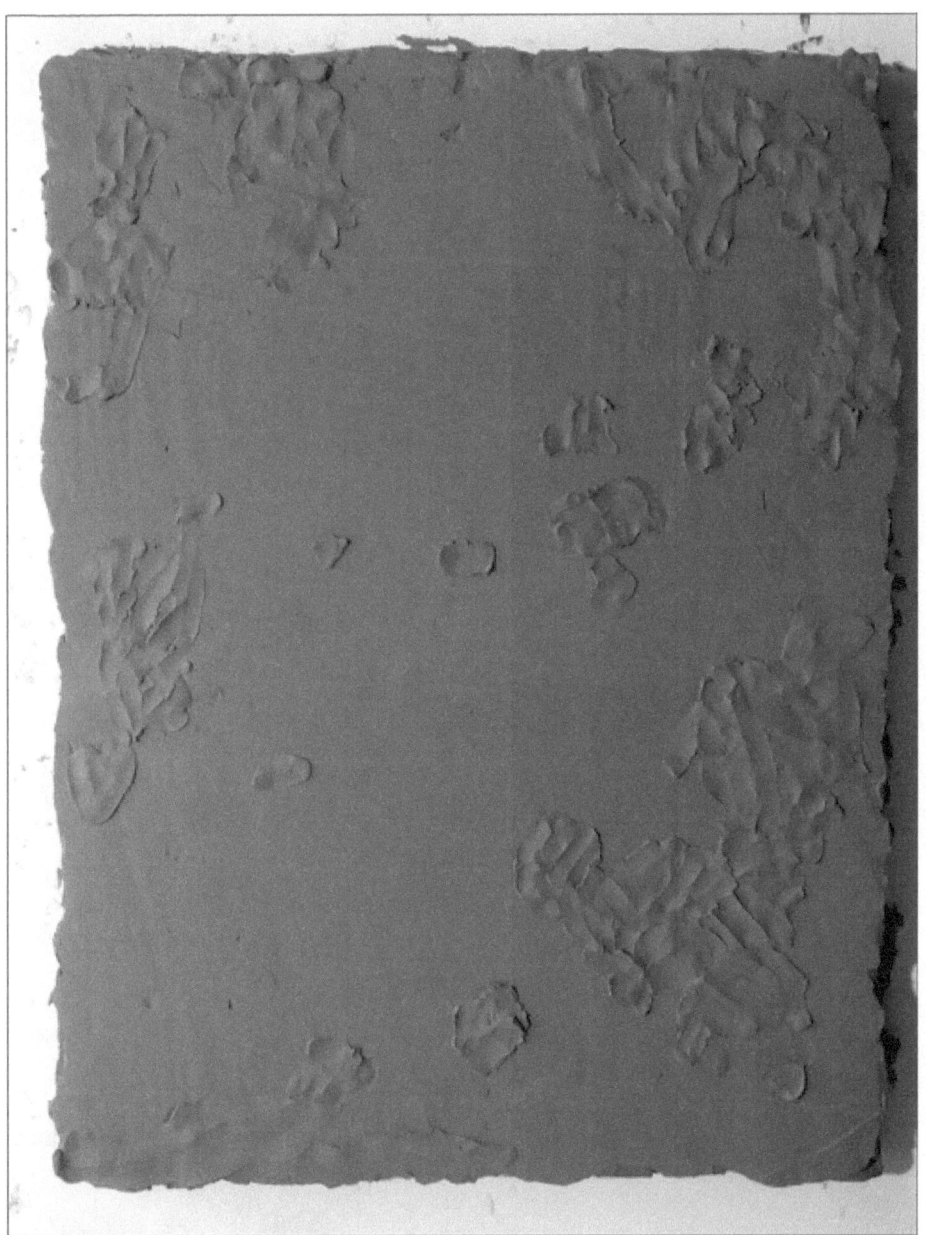

Rellenaremos los huecos y las depresiones evidentes con más
arcilla.

Alisaremos la superficie con el asta de madera como en el ejercicio anterior y mediremos el espesor de los cuatro ángulos, verificando que todos sean de la misma altura.

En este ejercicio, escuadría y alisado del plano de la arcilla son esenciales antes de modelar el retrato sobre la superficie.

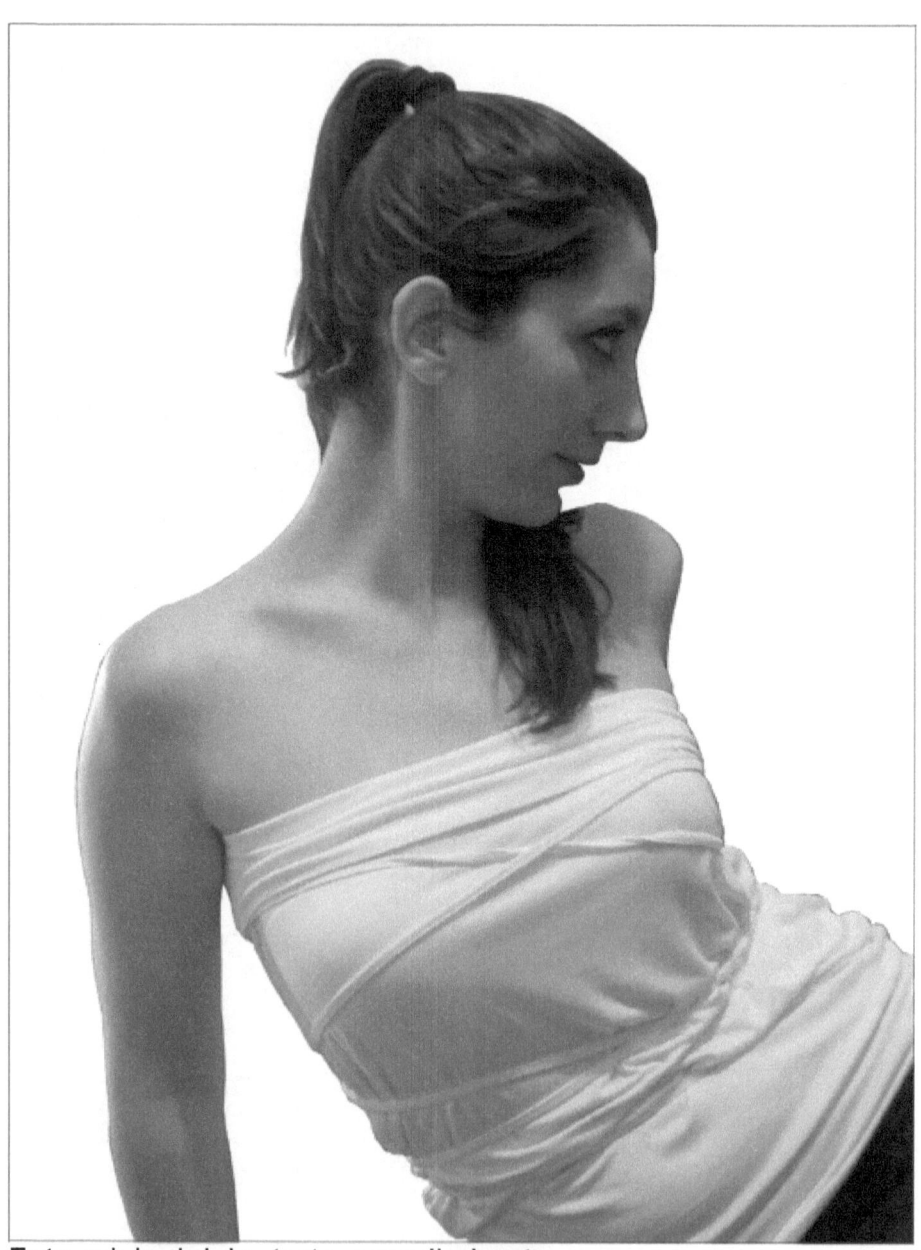

Foto original del retrato a medio busto.

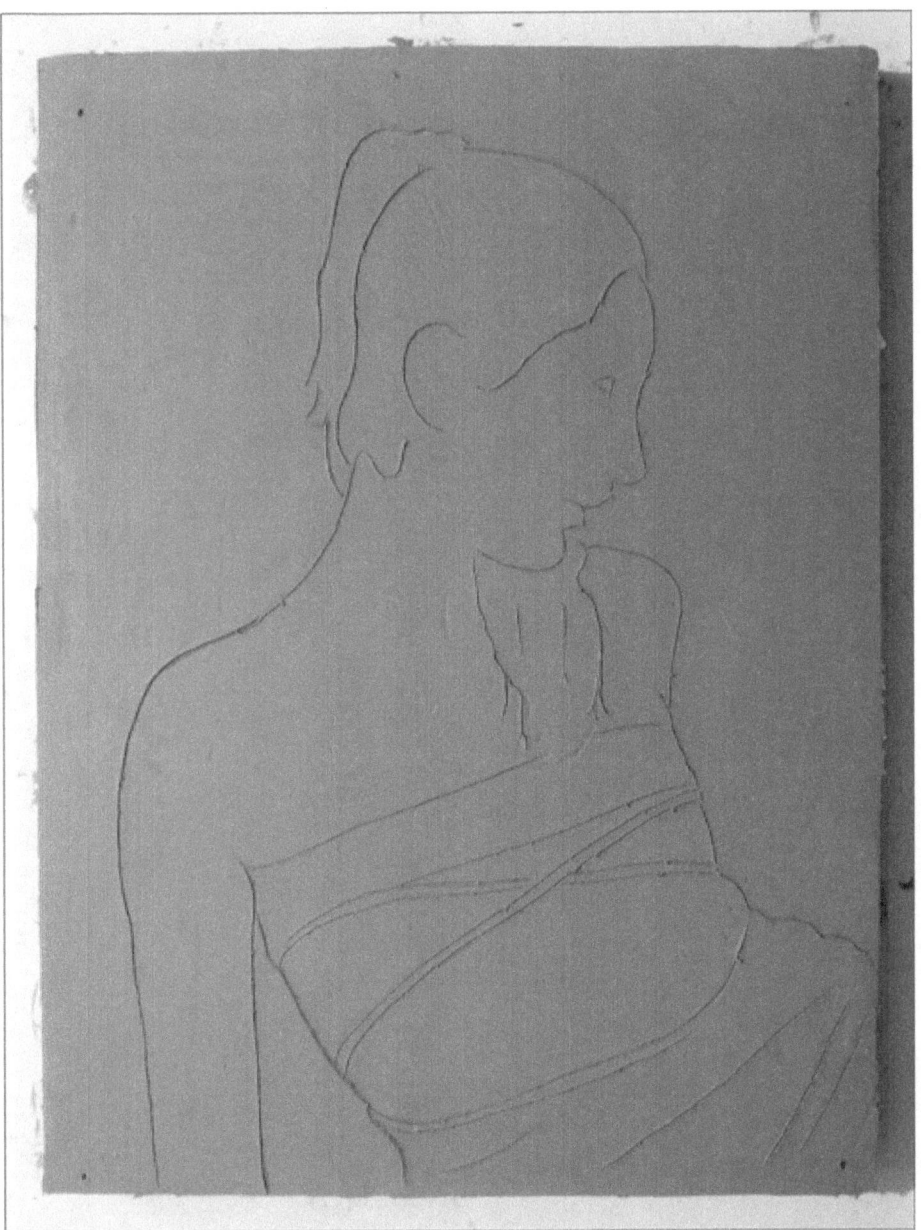

Dibujamos sobre la superficie del plano los rasgos esenciales que delimitan la figura y al mismo tiempo, al lado, tenemos bien en vista la foto real del sujeto.

Después de haber dibujado, coincidiendo con la marca hecha, incidiremos con el instrumento con una profundidad de 2 centímetros a lo largo de todo el perímetro de la figura.

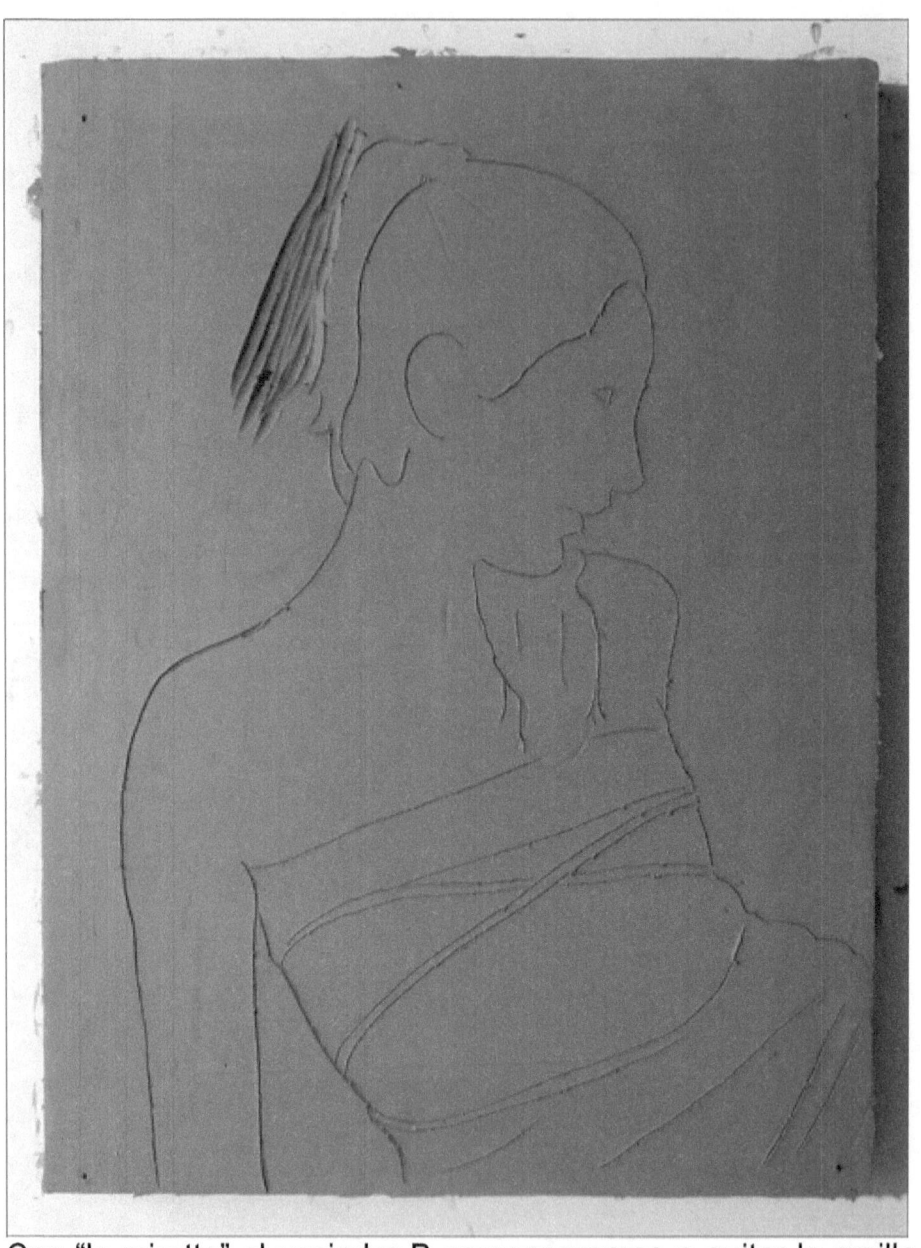

Con "la miretta" el vaciador B comenzaremos a quitar la arcilla alrededor de la figura.

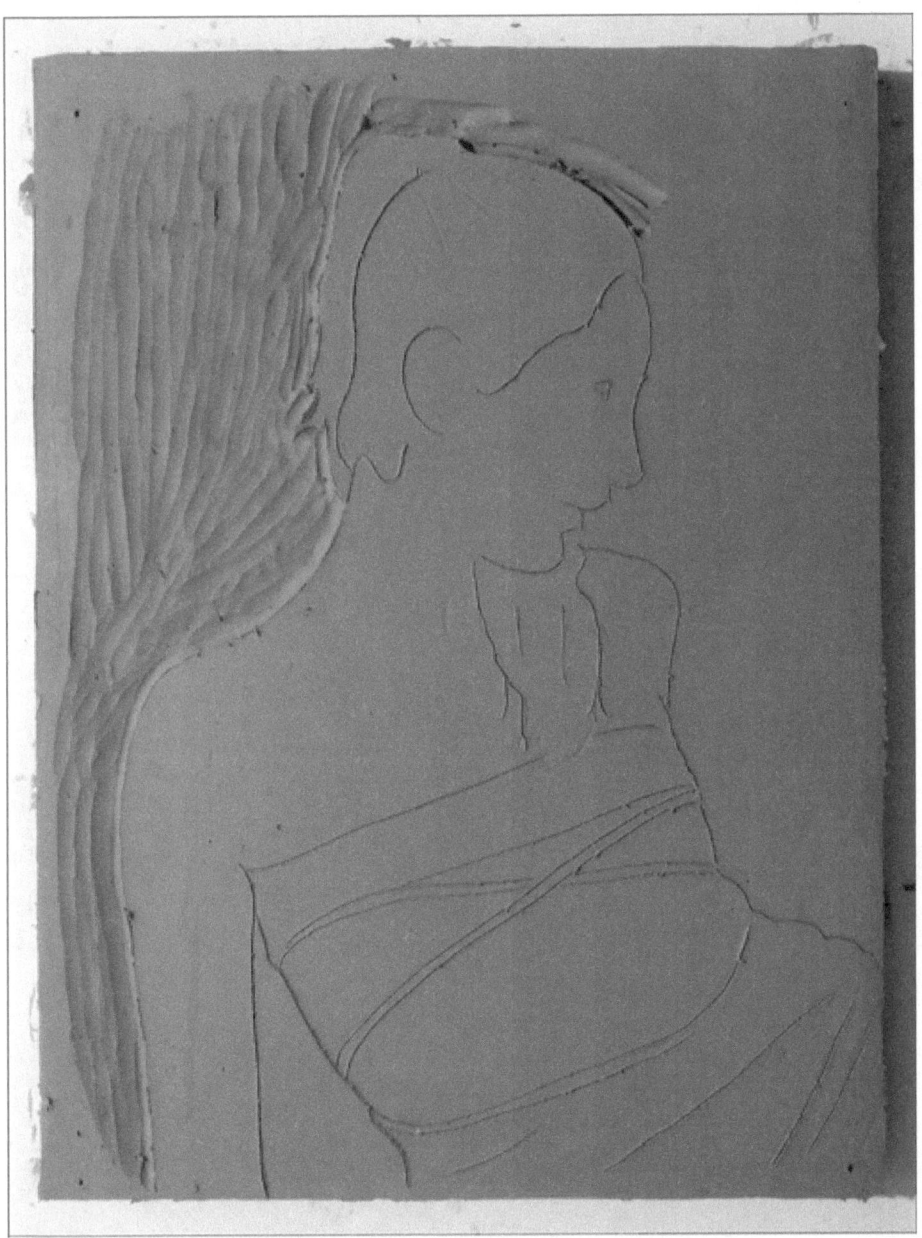

Tenemos que quitar la arcilla de alrededor con una profundidad máxima de 2 centímetros del borde de la figura.

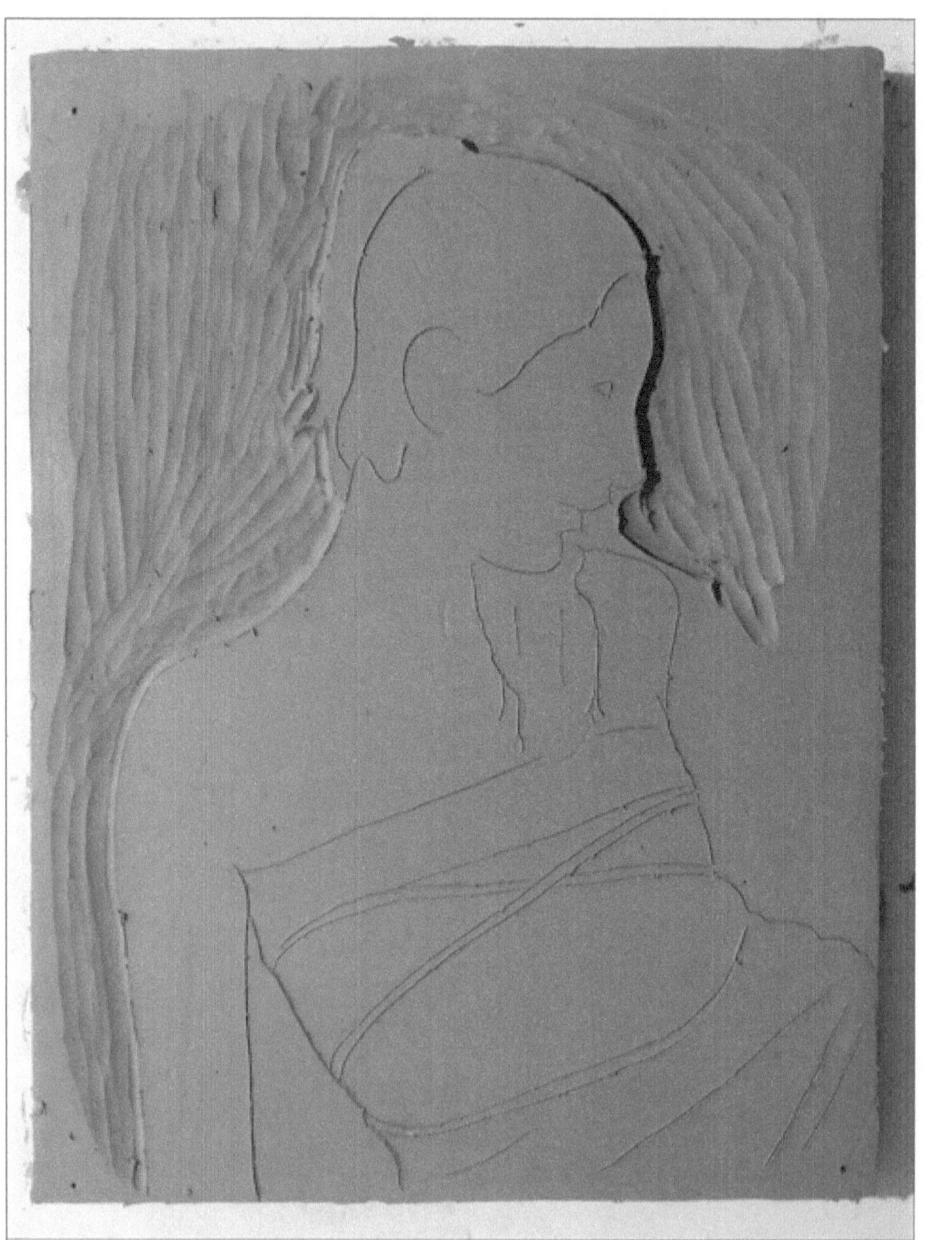

Sacando la arcilla, a medida que procederemos hacia el borde externo del plano, disminuiremos la profundidad hasta reducirla a cero, como hemos hecho en el anterior ejercicio.

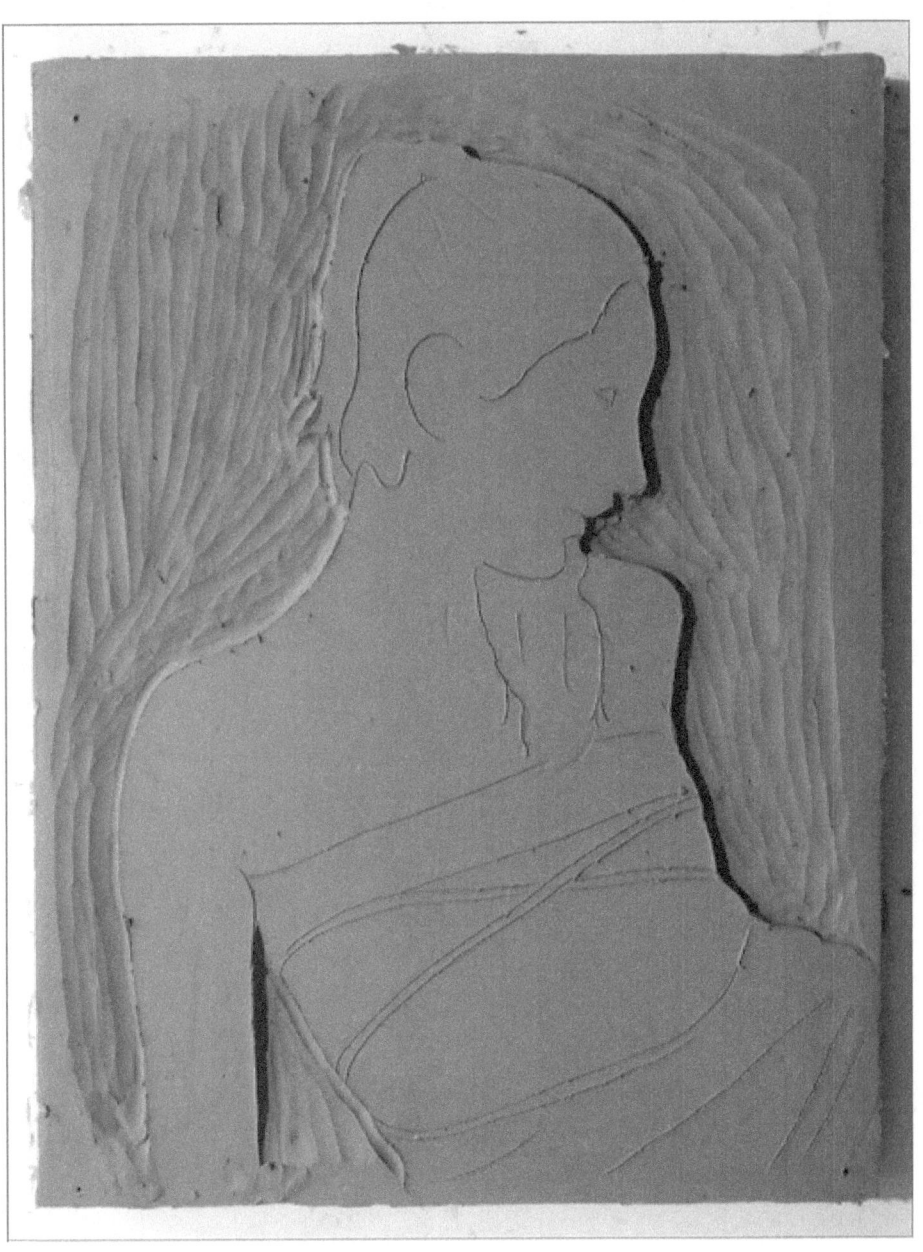

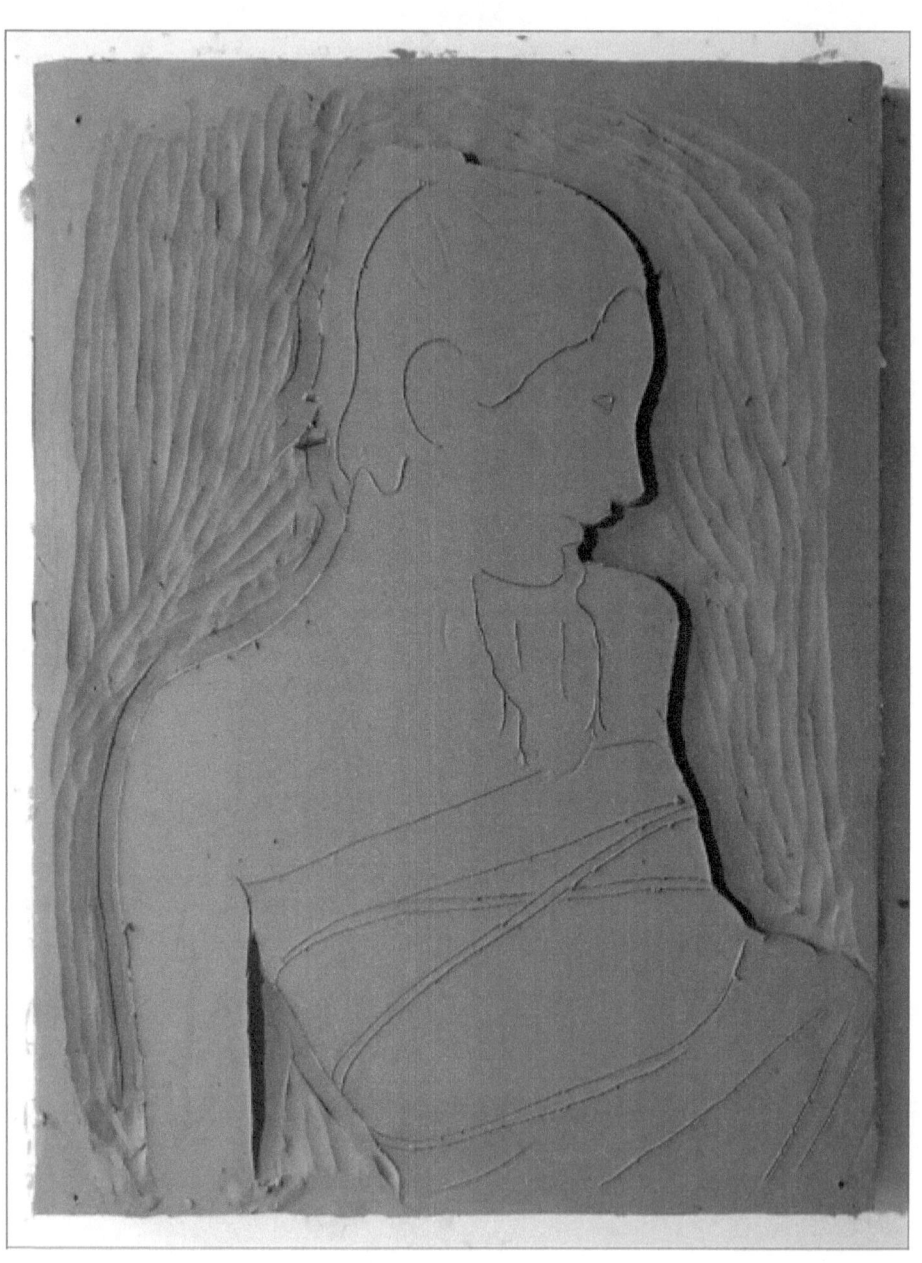

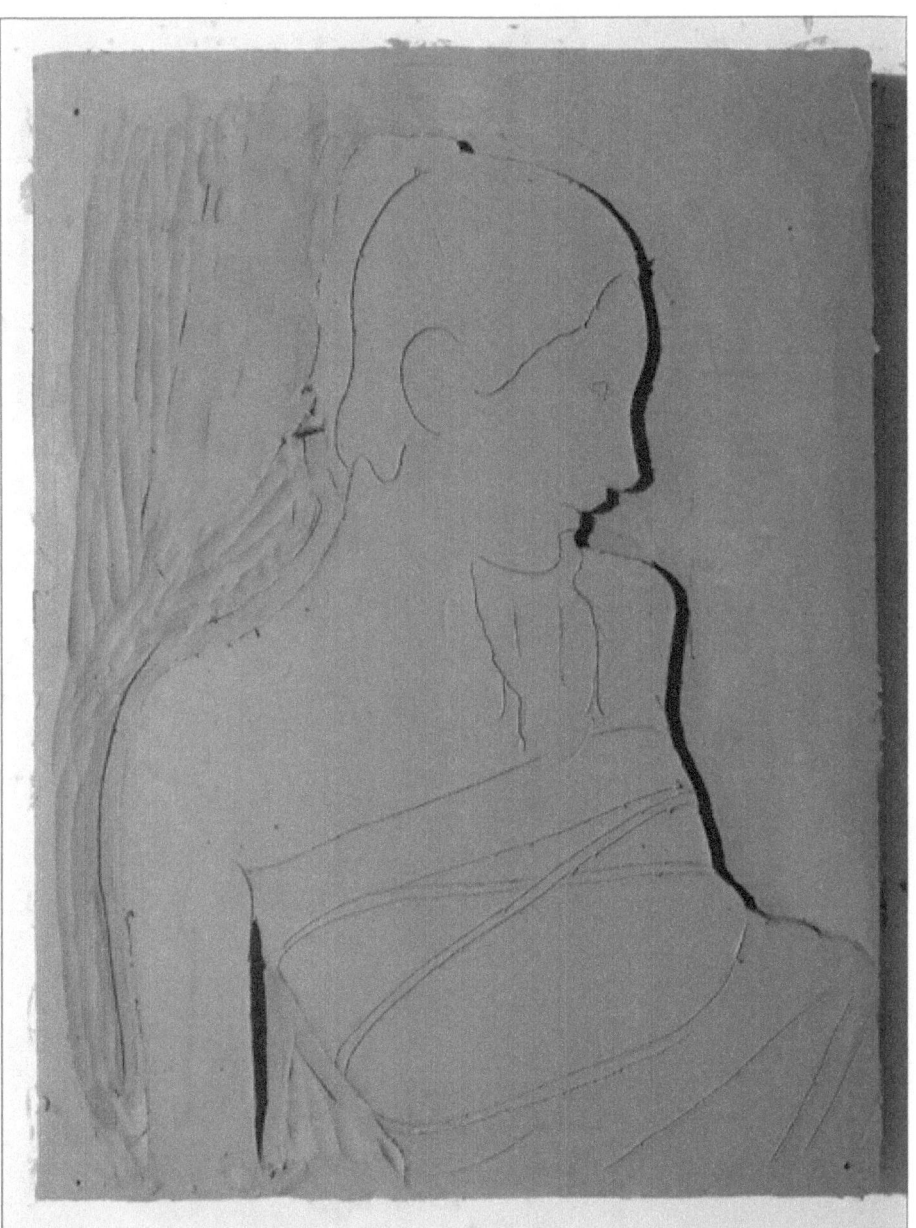

Ahora tenemos que nivelar y alisar la superficie del plano alrededor de la figura, utilizando las espátulas que tenemos a disposición, iniciando por las más grandes para los espacios amplios y las más pequeñas para los espacios más estrechos.

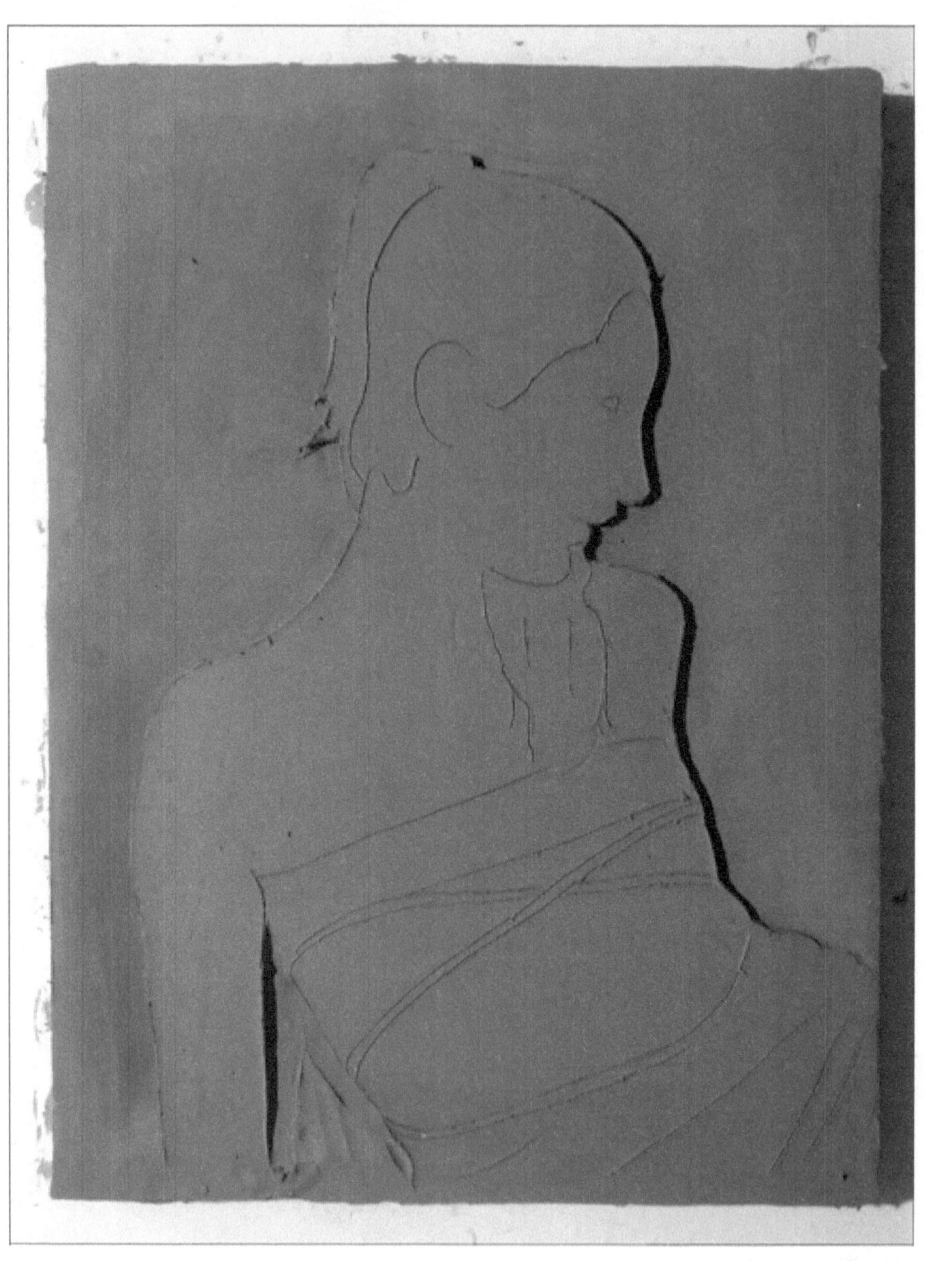

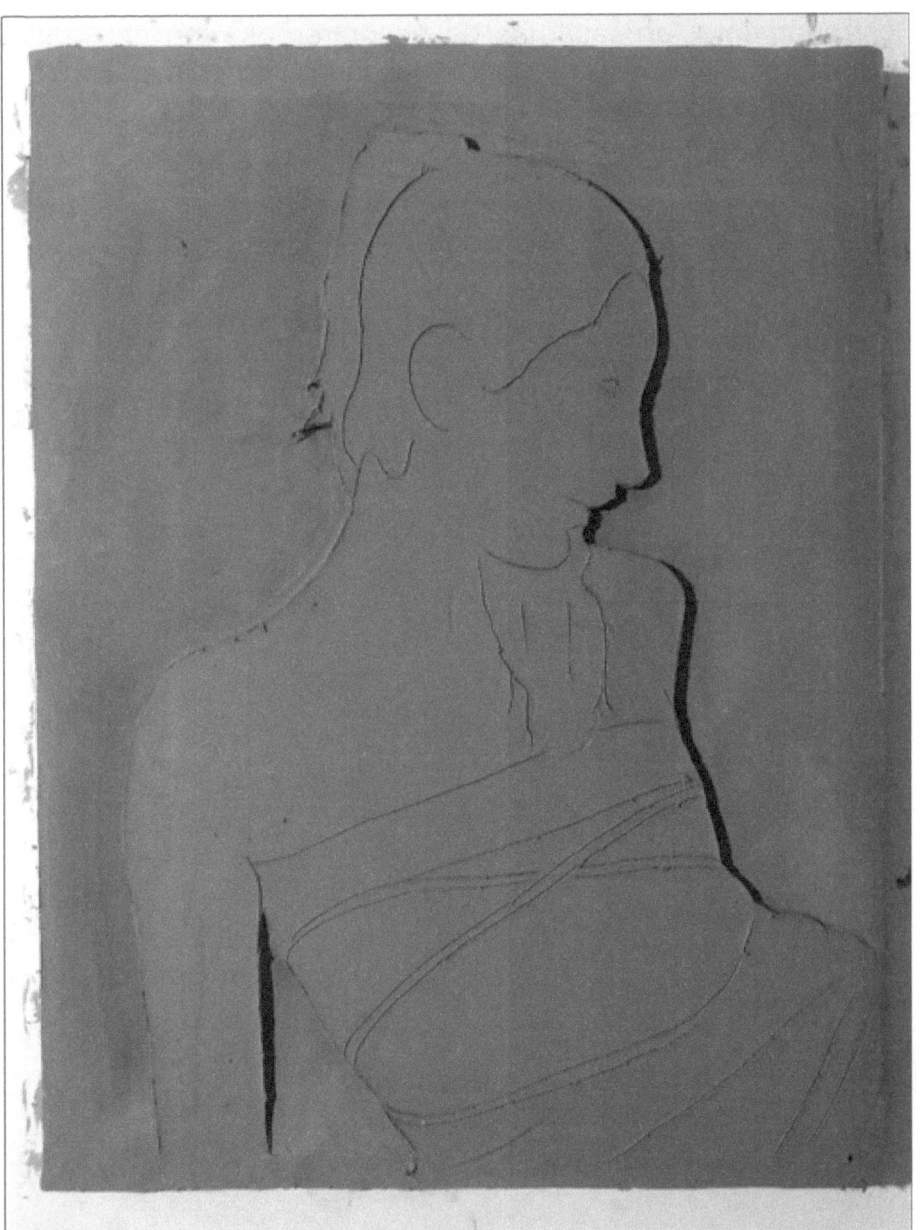

Ahora que hemos evidenciado la figura haciéndola sobresalir 2 centímetros del plano, tenemos que tener cuidado que los bordes de la figura sean perpendiculares con respecto al plano, precisos y fieles al dibujo original, de otro modo el retrato no será verosímil.

Contrariamente, arriesgamos de encontrarnos, con una nariz, unos labios o cualquier otra parte del cuerpo con dimensiones y proporciones diferentes a la figura original.

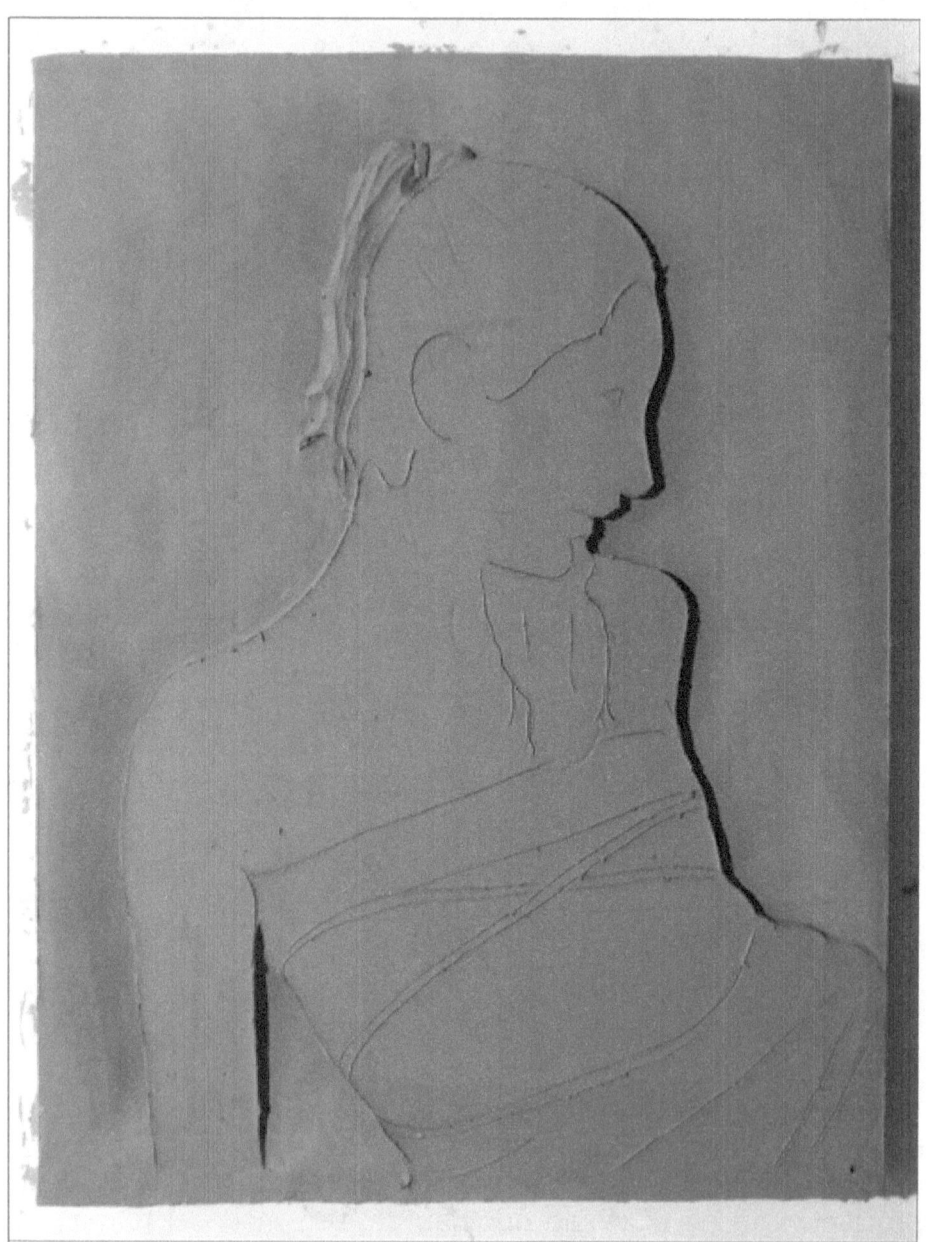

Ahora nos preparamos para afrontar el trabajo más estimulante: modelar la figura.

Si es posible, es mejor iniciar a modelar de izquierda a derecha - iniciando al revés sólo en el caso de ser zurdo. La dirección de la que se parte es importante porque, si habéis probado escribir con plumín y tinta, os habréis percatado que es importante no pasar nunca con la mano sobre la tinta fresca; también para modelar tenemos que respetar el mismo principio y evitar tocar, incluso accidentalmente, la parte de bajorrelieve ya modelada. Si ocurriese, arruinaremos partes de figura modelada. Procediendo de izquierda a derecha, en cambio, evitaremos eventuales daños.

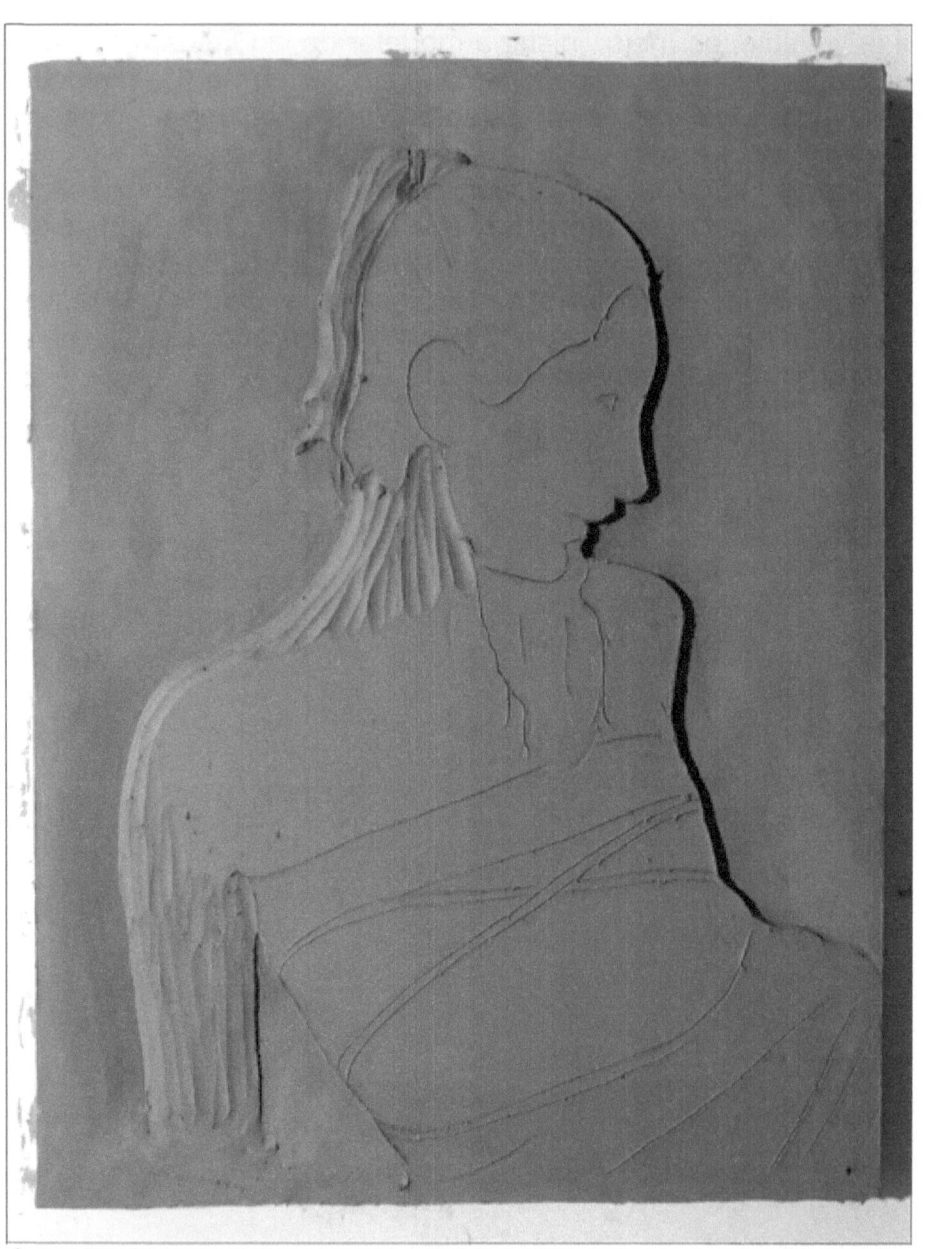

Con la "miretta" vaciador comenzaremos a quitar la arcilla tratando de dar una forma redondeada a las partes anatómicas.

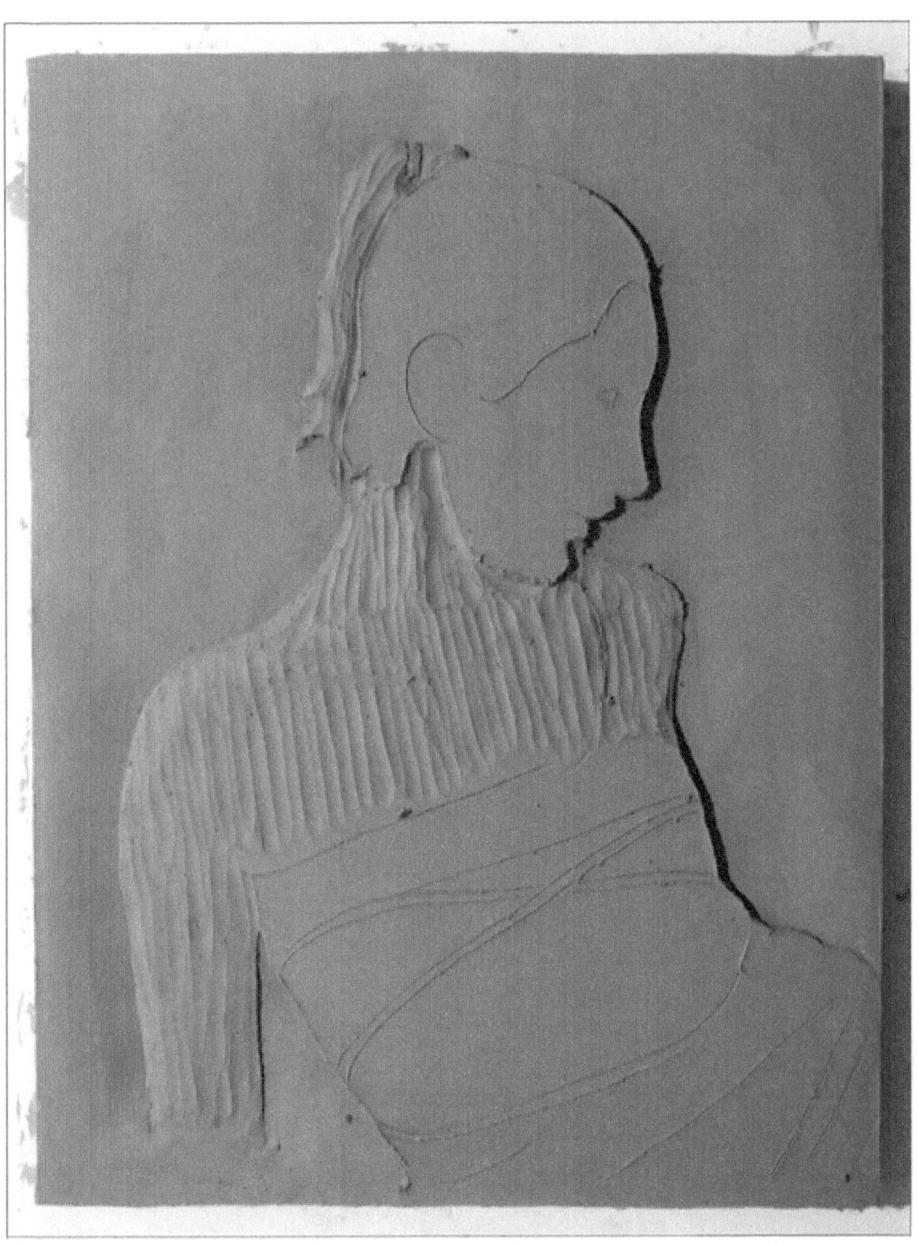

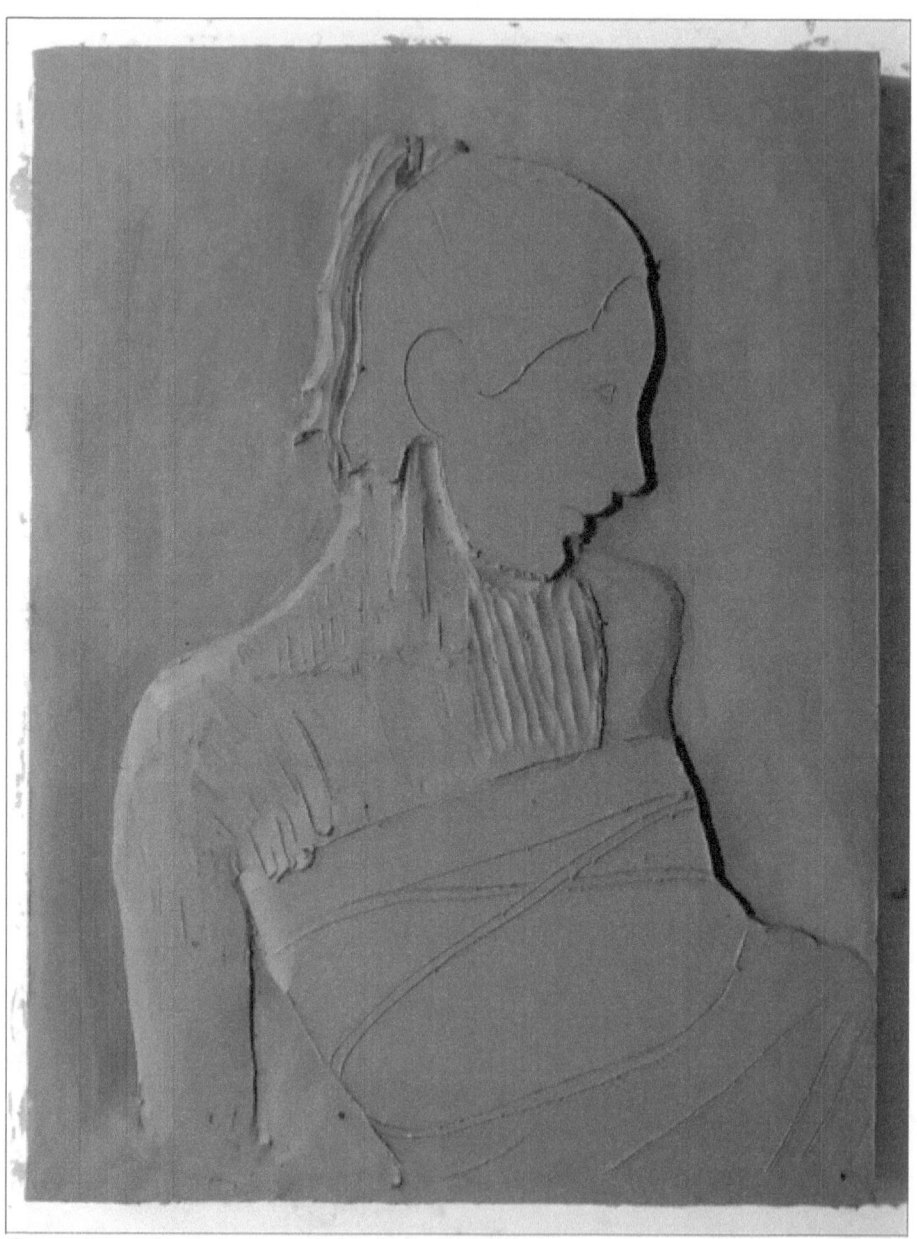

Con las distintas espátulas trataremos de aplanar y alisar, observando atentamente la foto original y dando forma al brazo, al cuello y a los músculos del cuello.

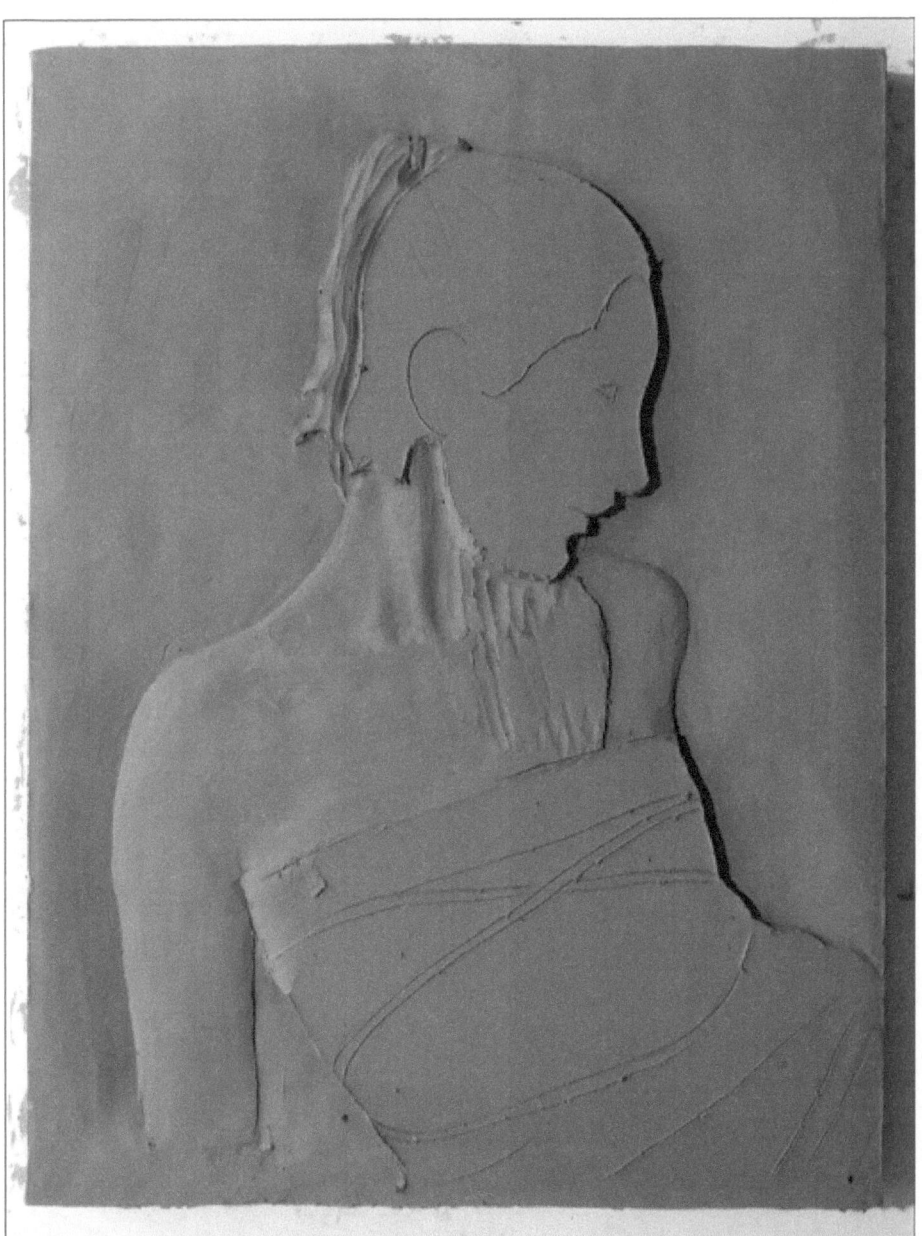

Definimos cada vez más las partes anatómicas con la ayuda de los dedos.

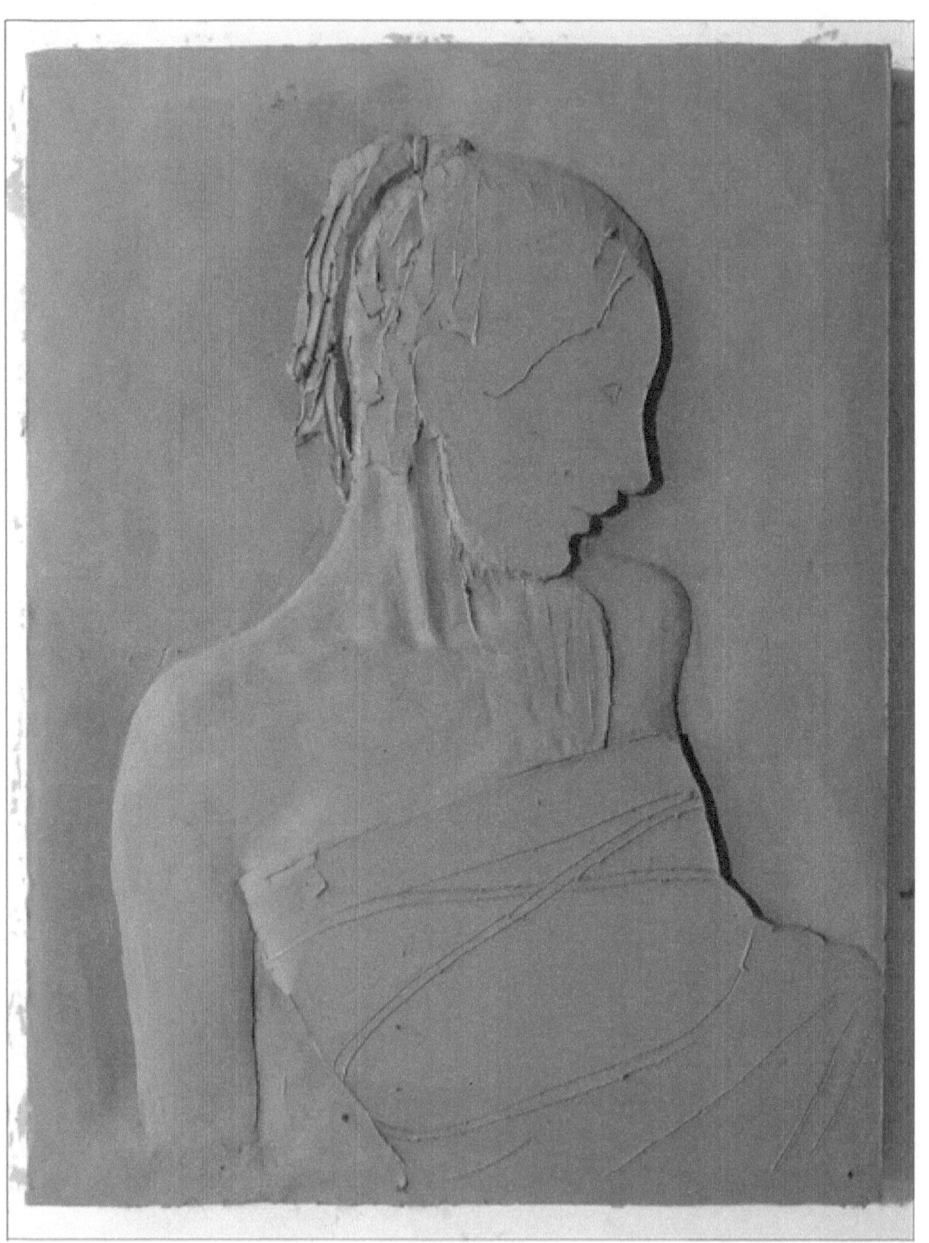

Procedemos a modelar grosamente la cabeza dejando material de más para el pelo.

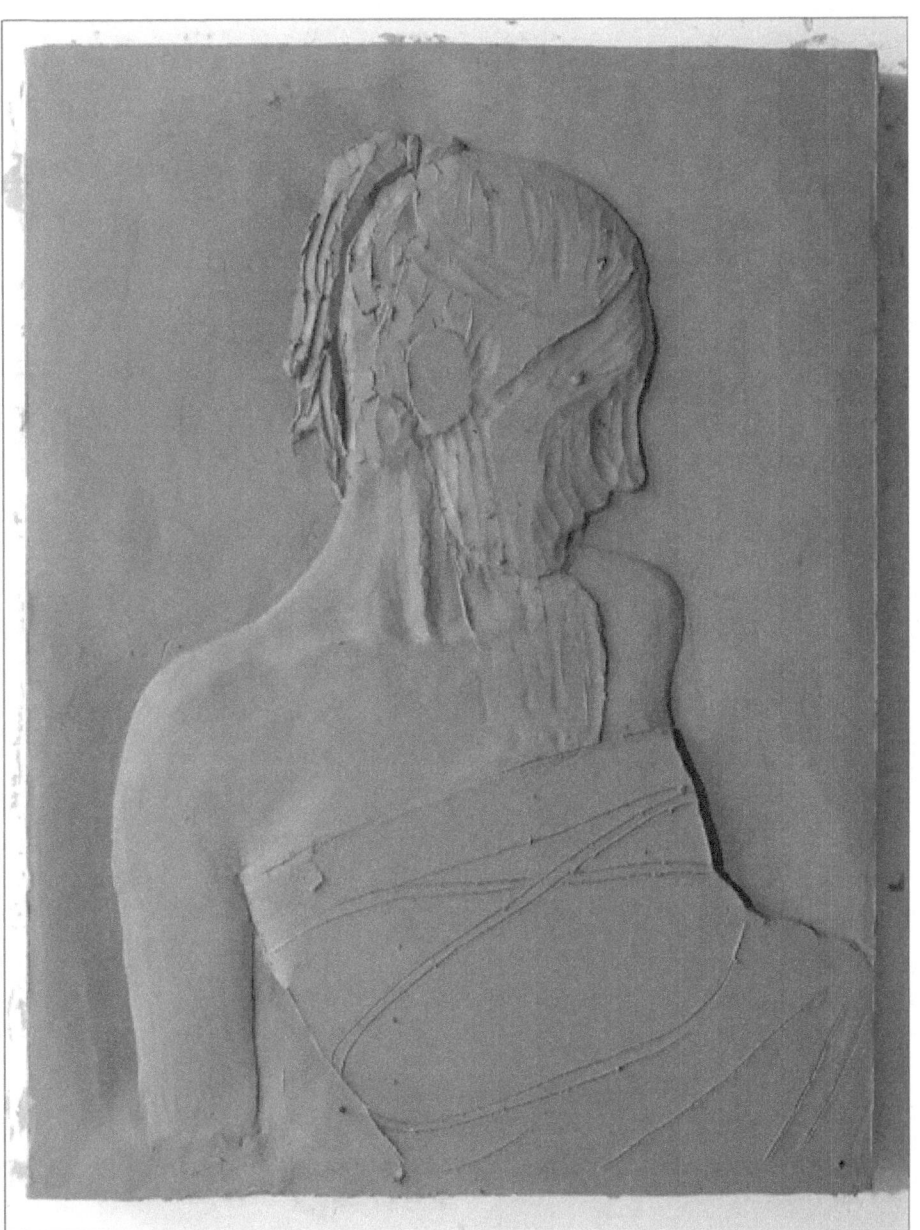

Ahora trataremos de definir la cara socavando sobre todo la parte de la nariz, el plano de la nariz es más bajo con respecto al pómulo y a la mejilla, mientras que el plano de los labios está situado casi en el medio entre mejilla y nariz.

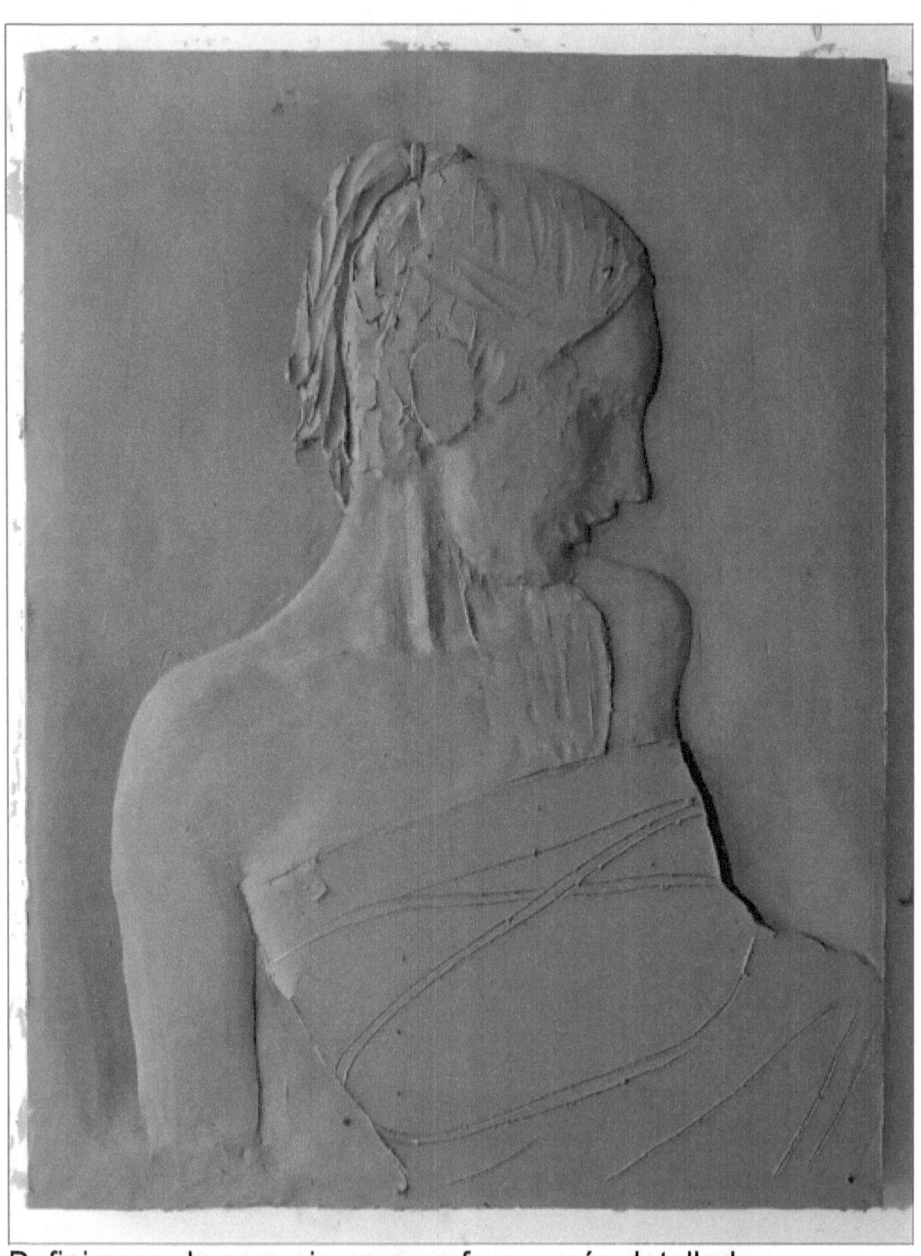

Definiremos la cara siempre en forma más detallada.

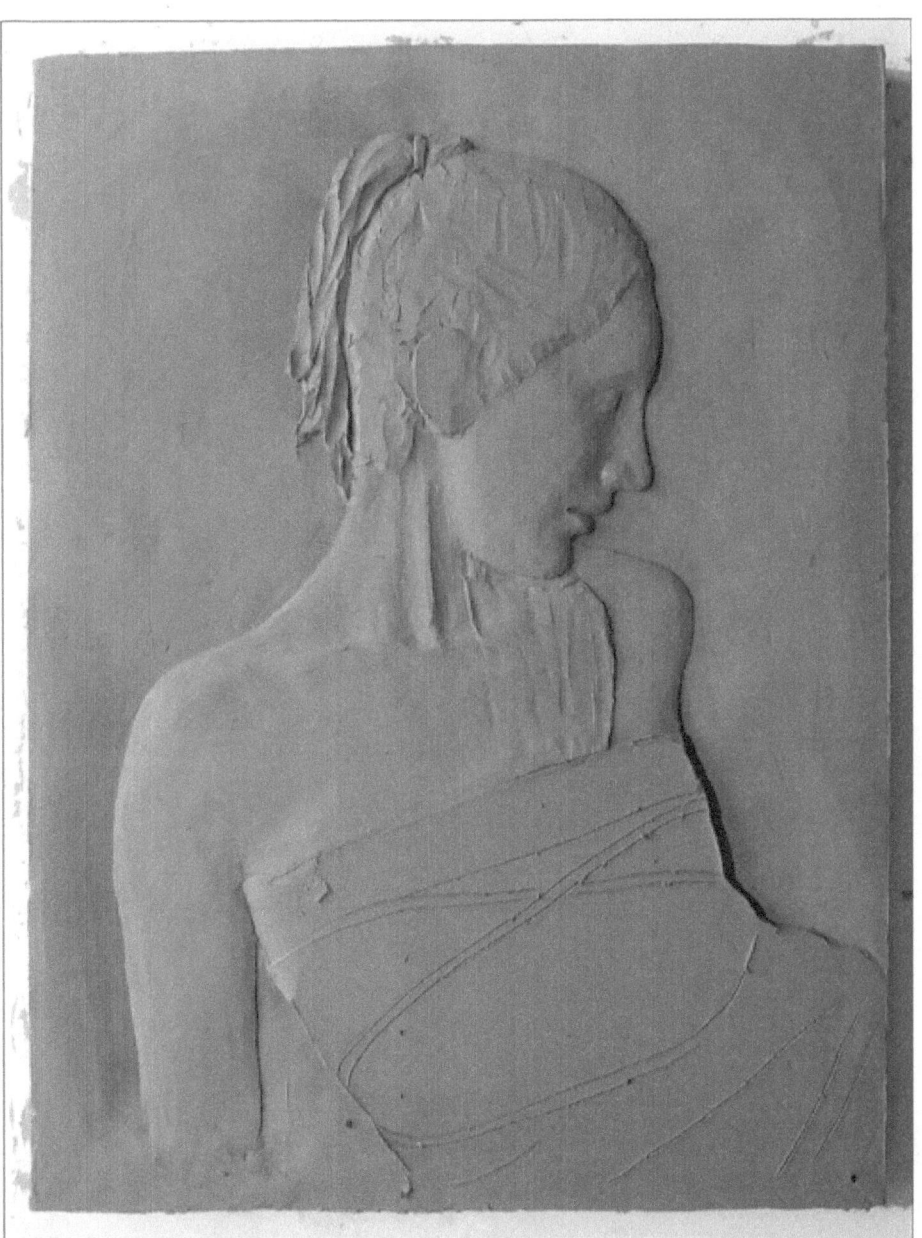

Definir boca, nariz y ojos es una fase muy delicada en que hace falta concentrarse mucho, por lo tanto es preferible afrontar estos temas con la mente fresca. Los planos del globo ocular, de la nariz, de los labios y de la punta del mentón tienen la misma altura con respecto al plano que circunda la figura.

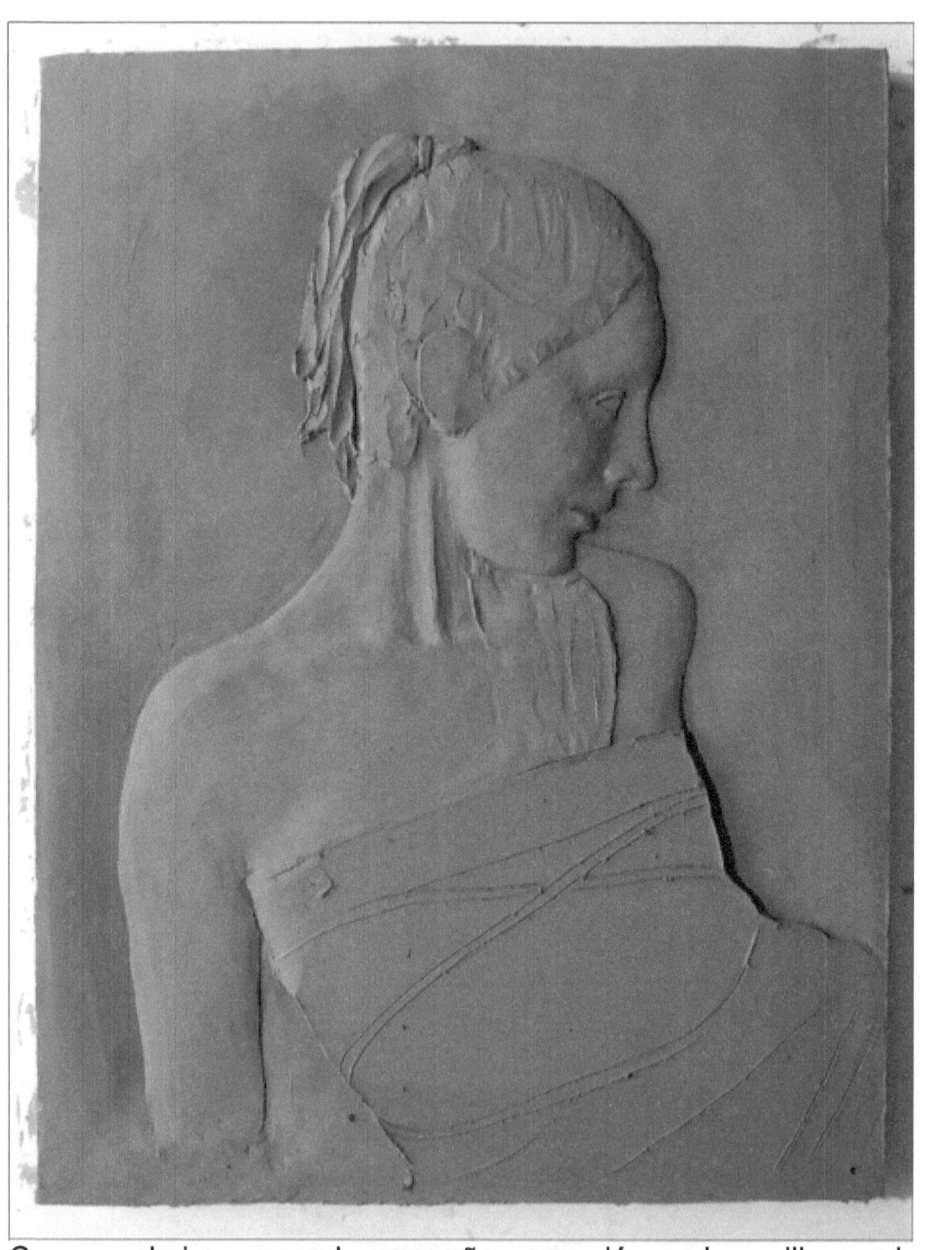

Comparad siempre cada pequeña operación en la arcilla con la foto original y verificad dimensiones y proporciones.

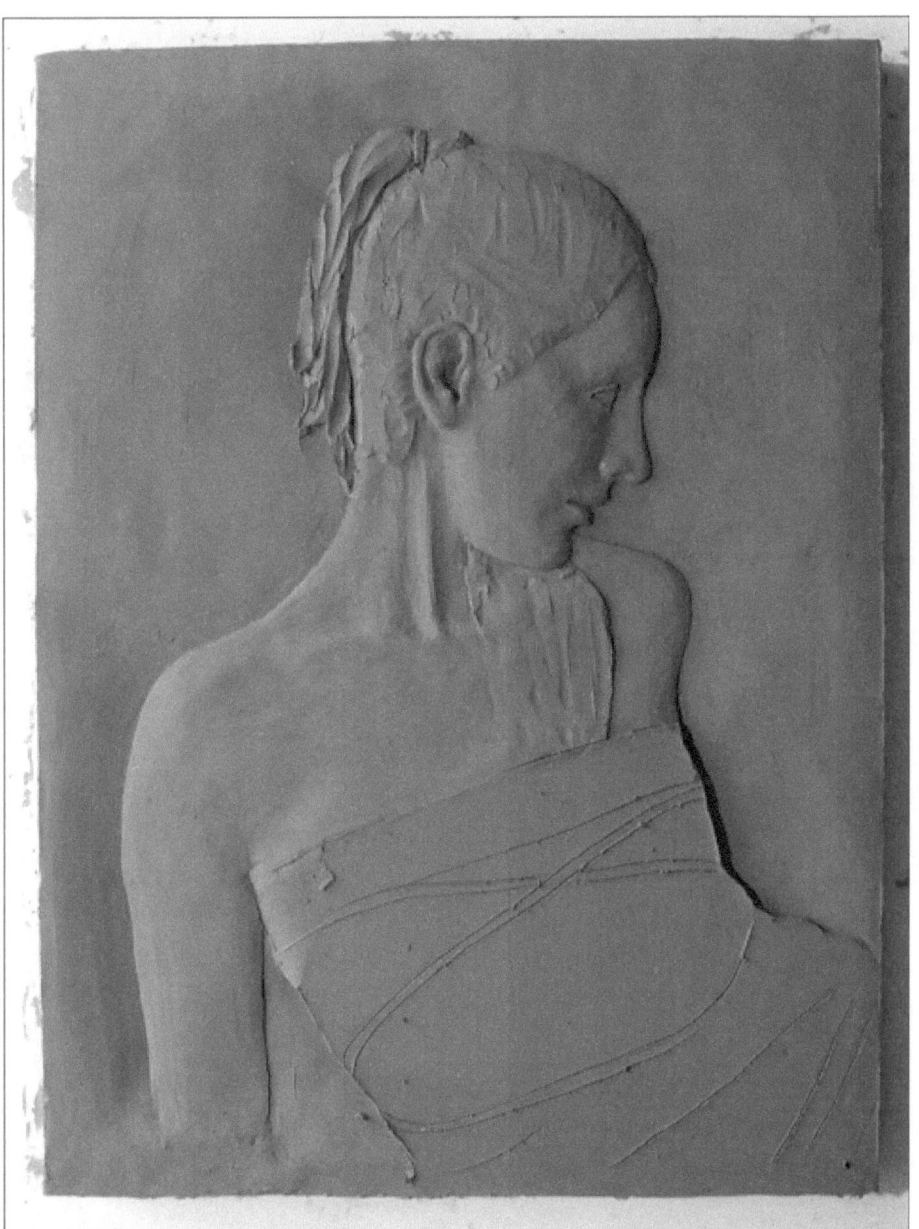

Nos concentraremos ahora en la oreja, modelándola lo más posible de forma parecida a la original, estudiaremos los planos y el mecanismo de las líneas; si logramos comprender la forma, habremos dado un gran paso adelante que también nos servirá para otras obras.

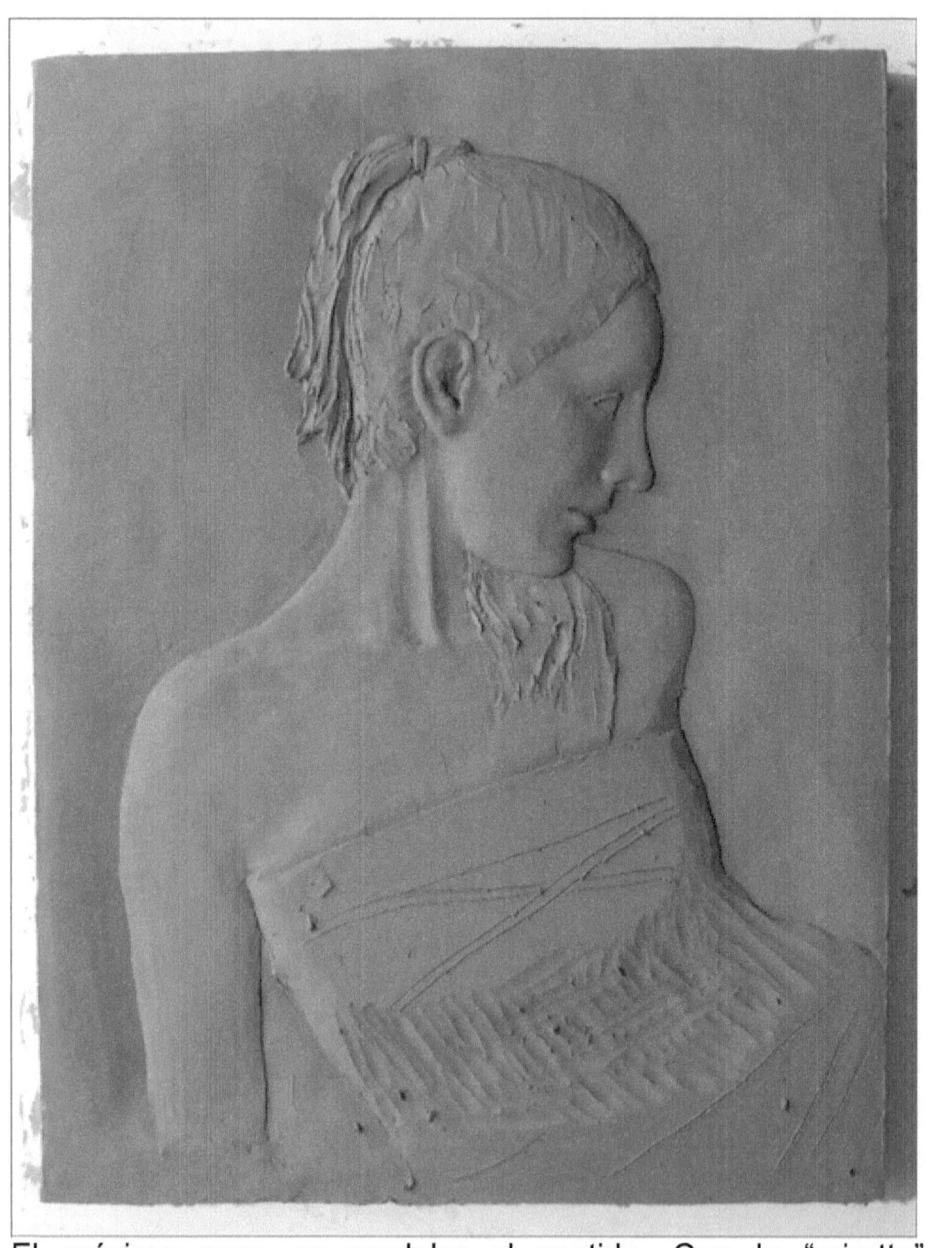

El próximo paso es modelar el vestido. Con la "miretta" vaciador sacamos la arcilla en exceso.

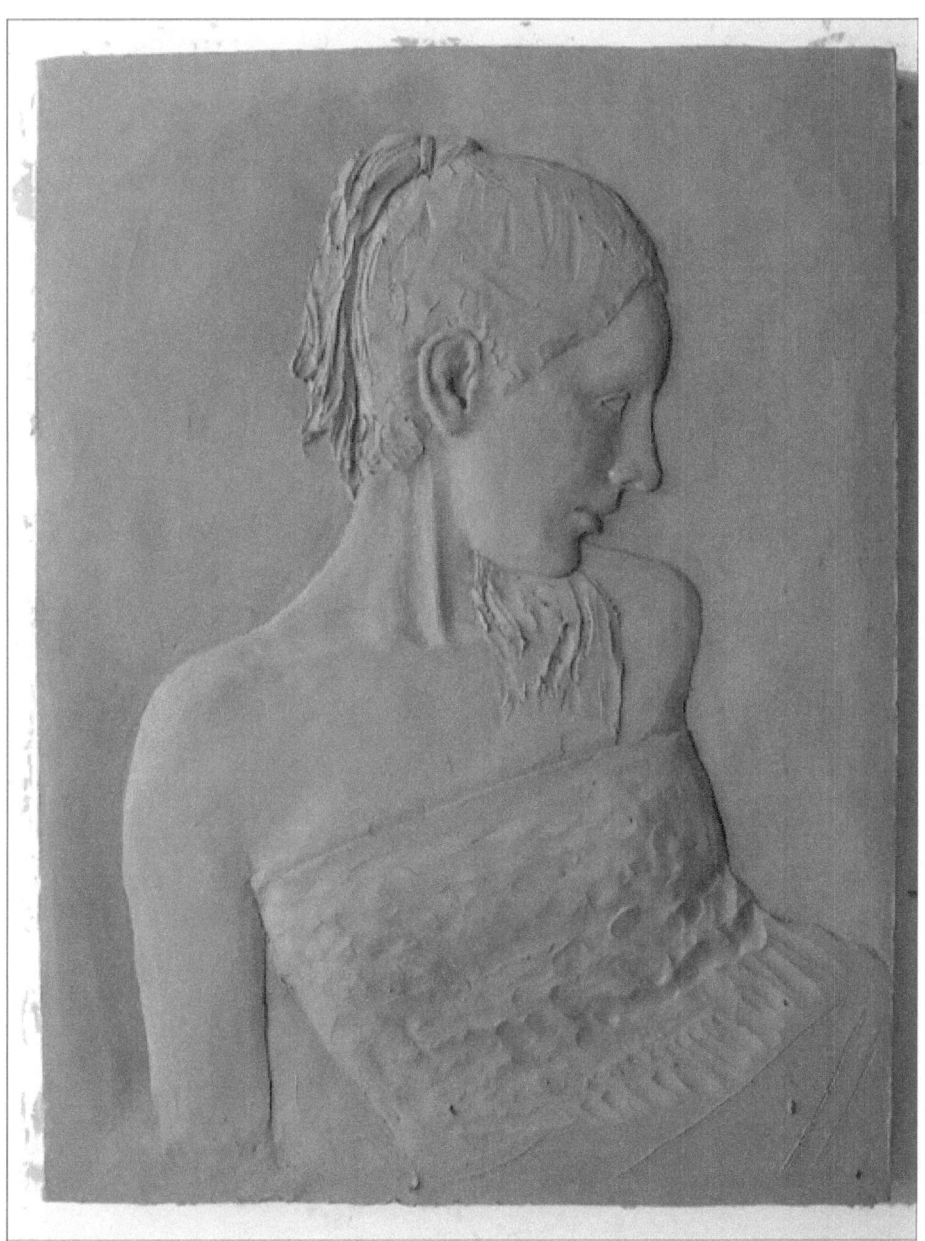

Con los dedos adaptamos el volumen de la arcilla.

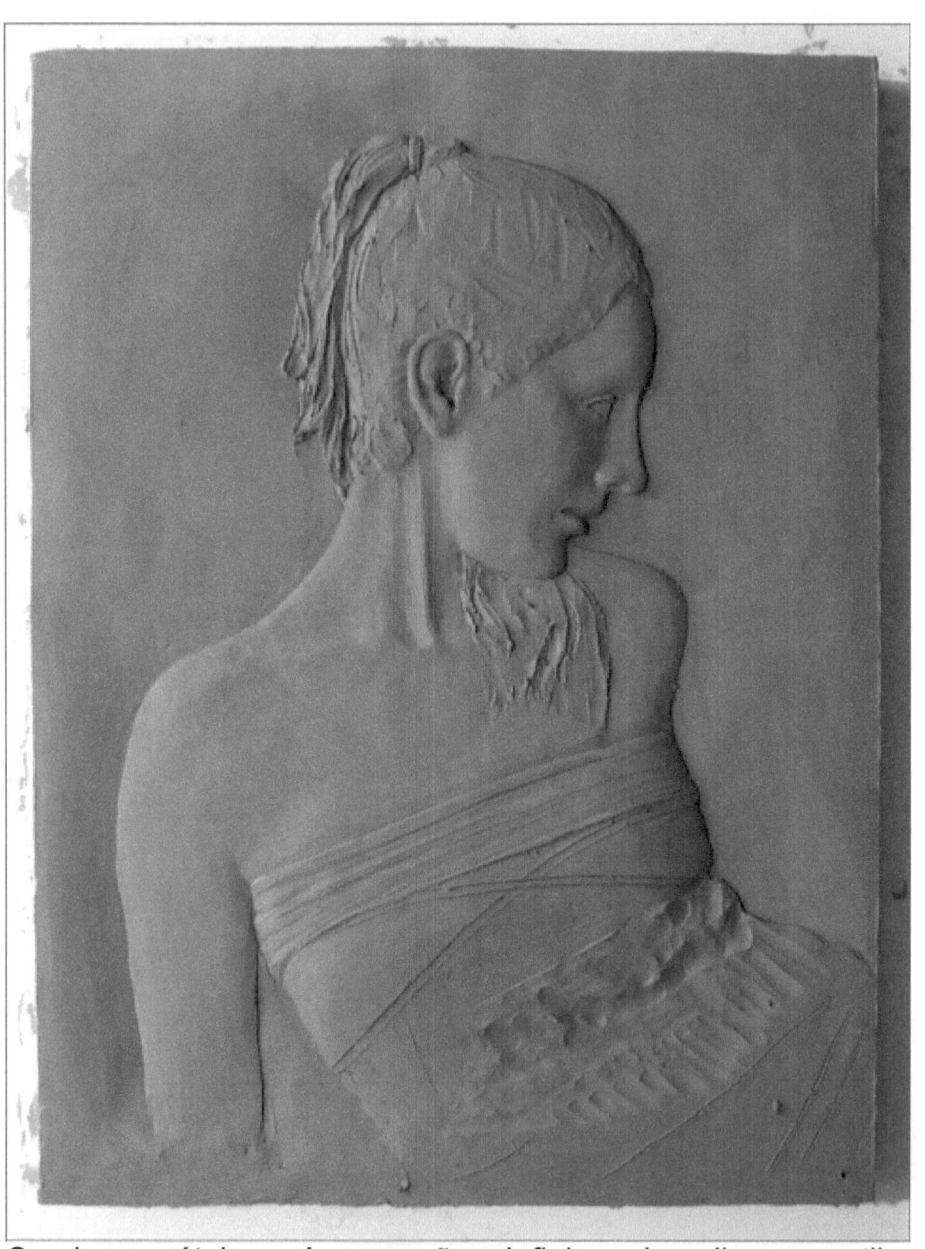

Con las espátulas más pequeñas definimos los pliegues sutiles
y los lazos a la altura del seno.

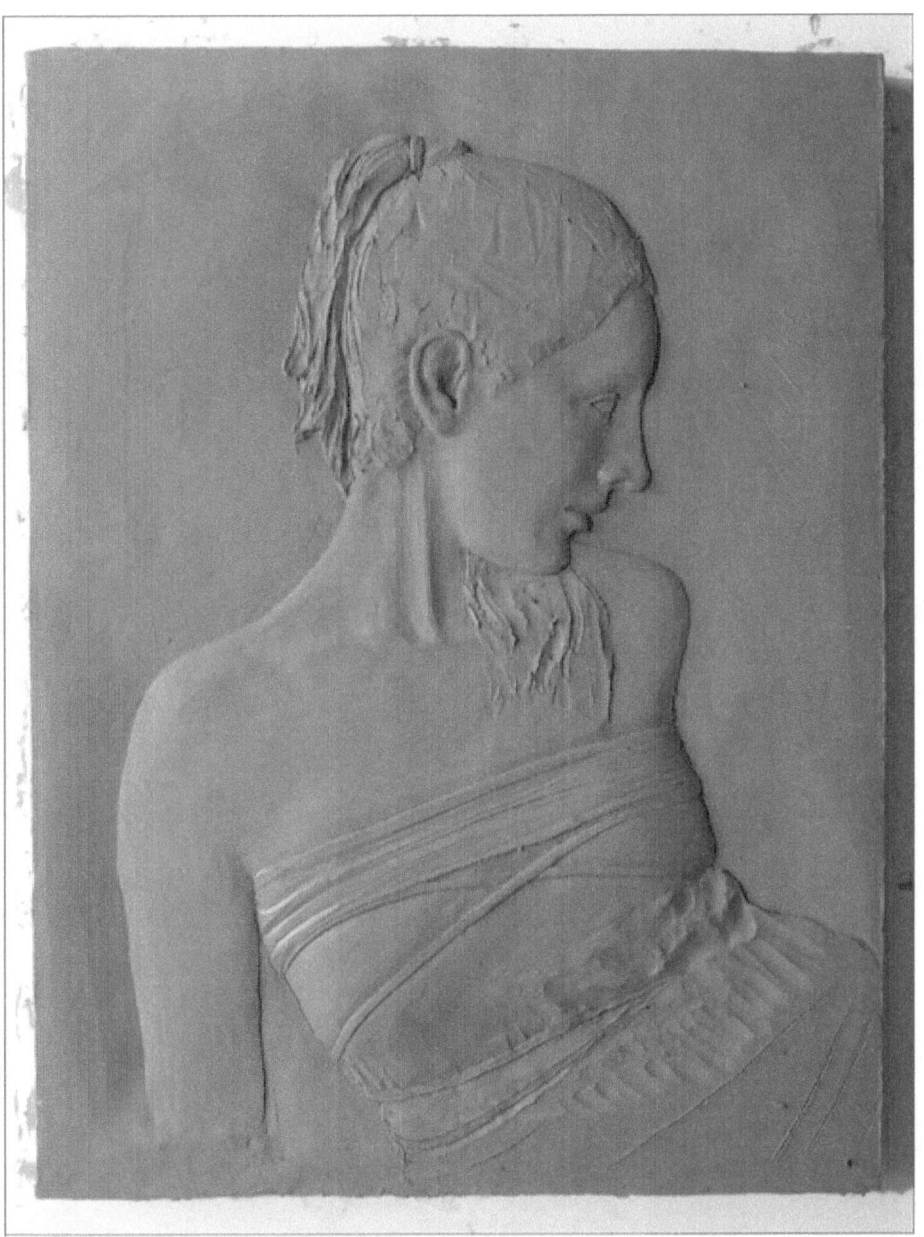

Con espátulas y dedos definimos pliegues y lazos a la altura de la cintura.
El plano de los senos tiene la misma altura que el de las mejillas.

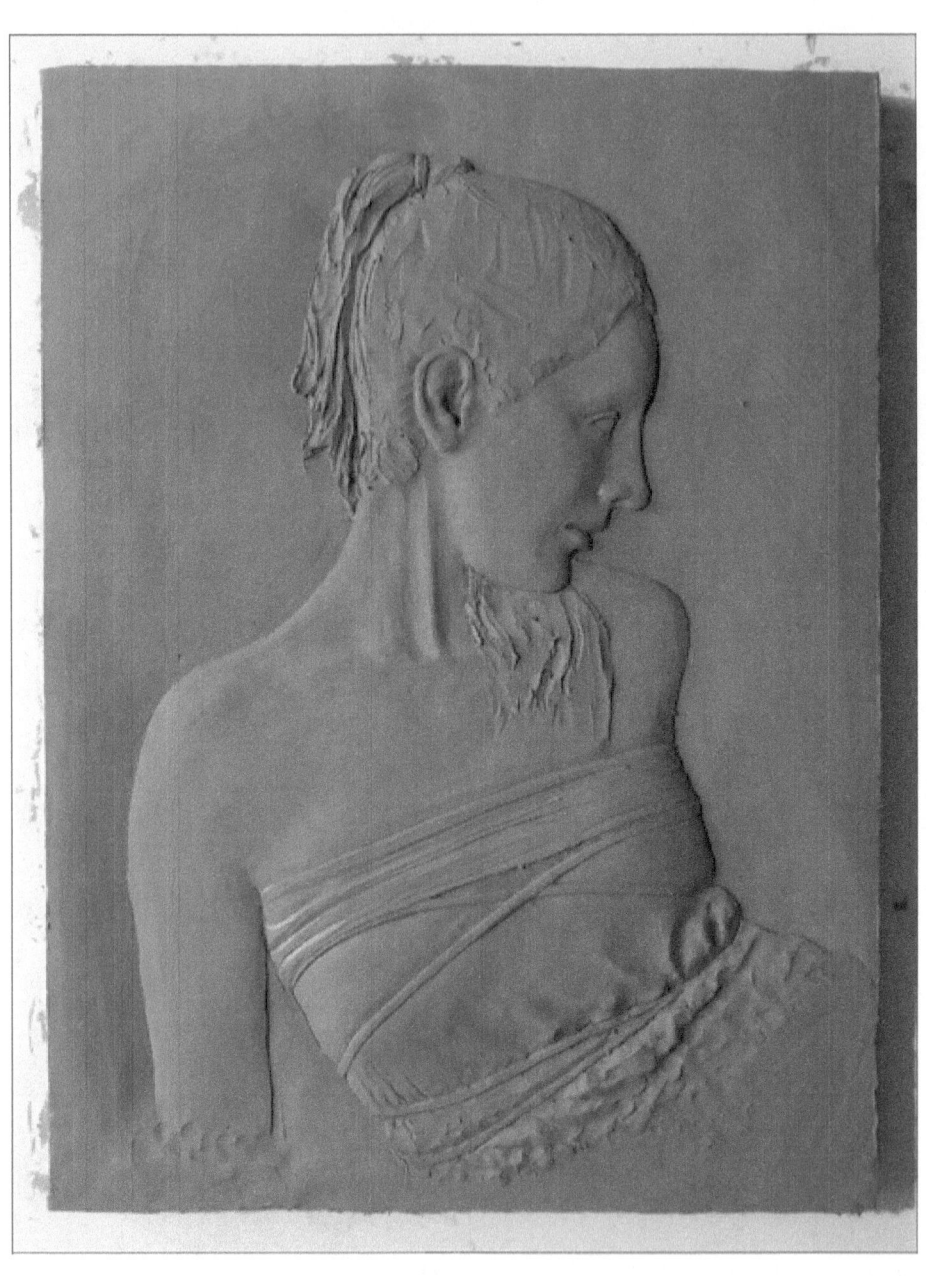

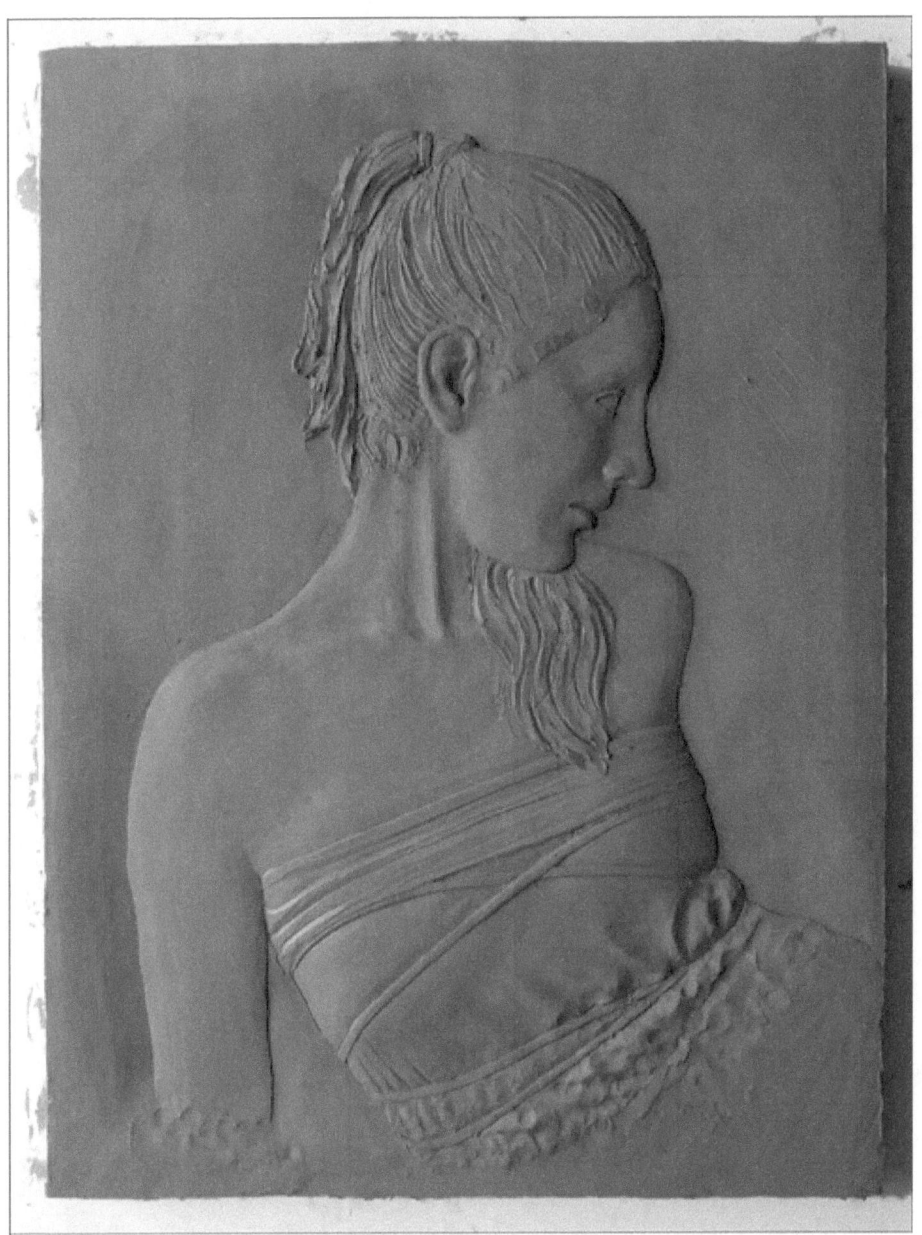

No nos queda ahora que modelar y definir el pelo.

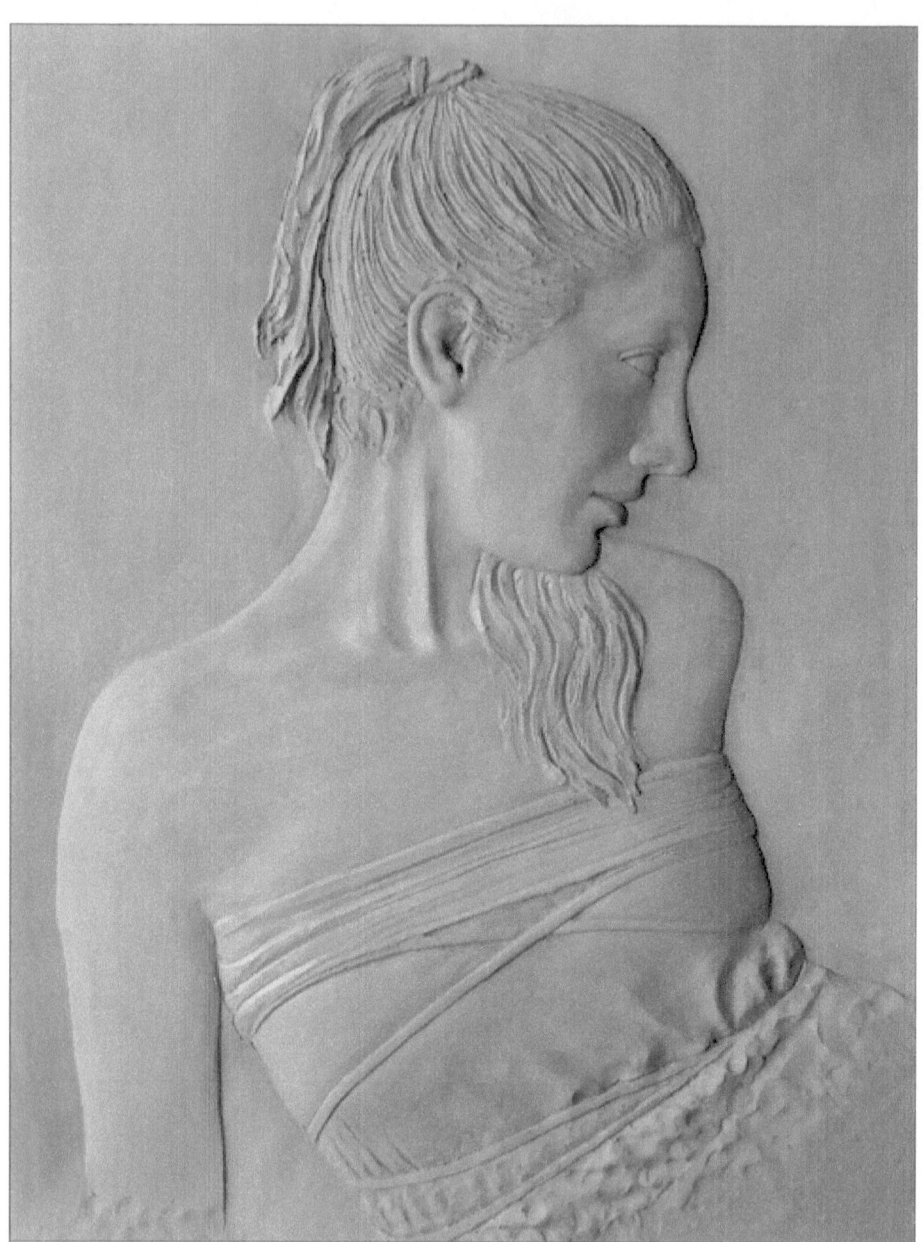

Por último nos queda por hacer algunos retoque a los detalles. Durante el trabajo es bueno hacer algunas pausas, dejar de modelar y cubrir la obra con celofán. La experiencia nos enseña que después de algunas horas de gran concentración en la operación del modelar, nuestra mente ya no logra ver y comprender eventuales imperfecciones; el celofán impedirá que la arcilla se endurezca y nos permitirá retomar el trabajo después de algunas horas - o, mejor todavía, el día después.

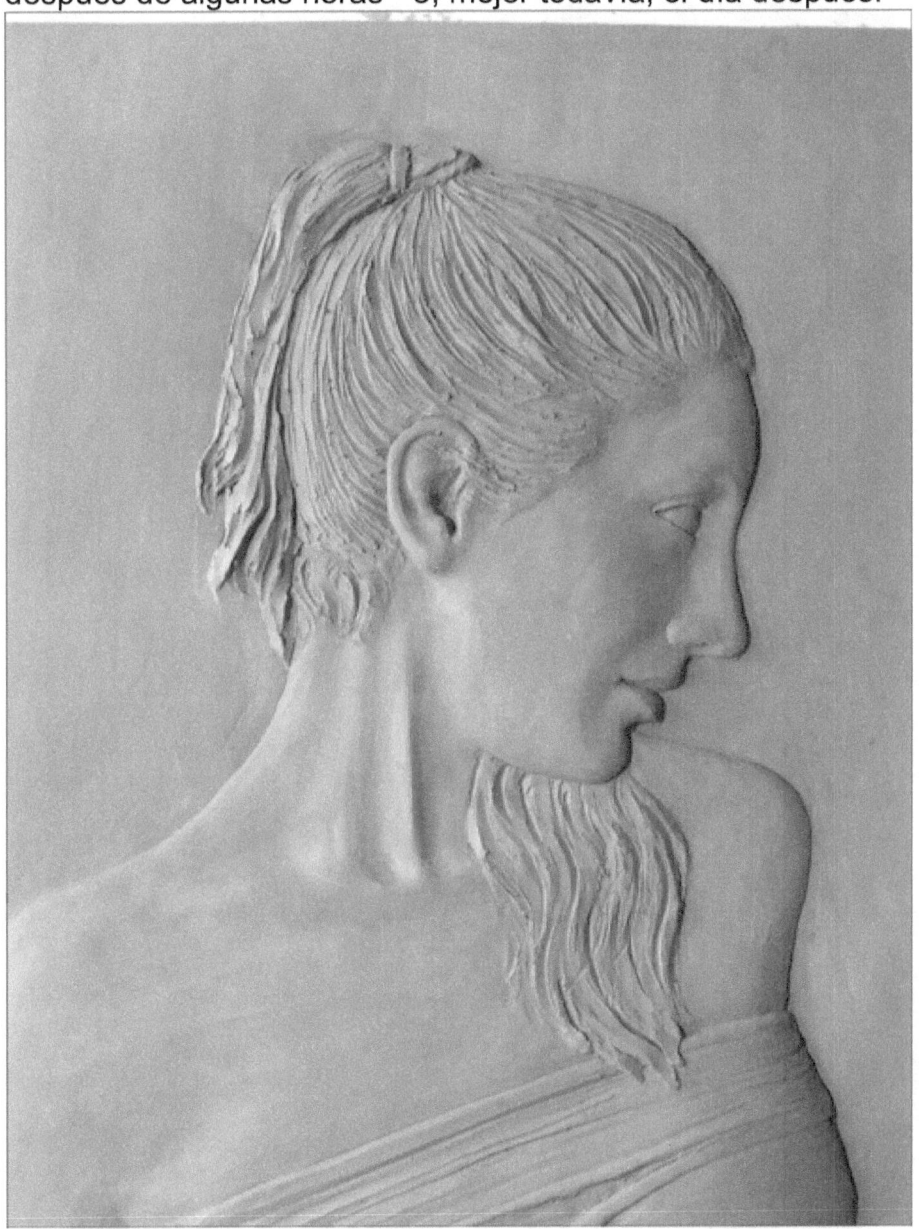

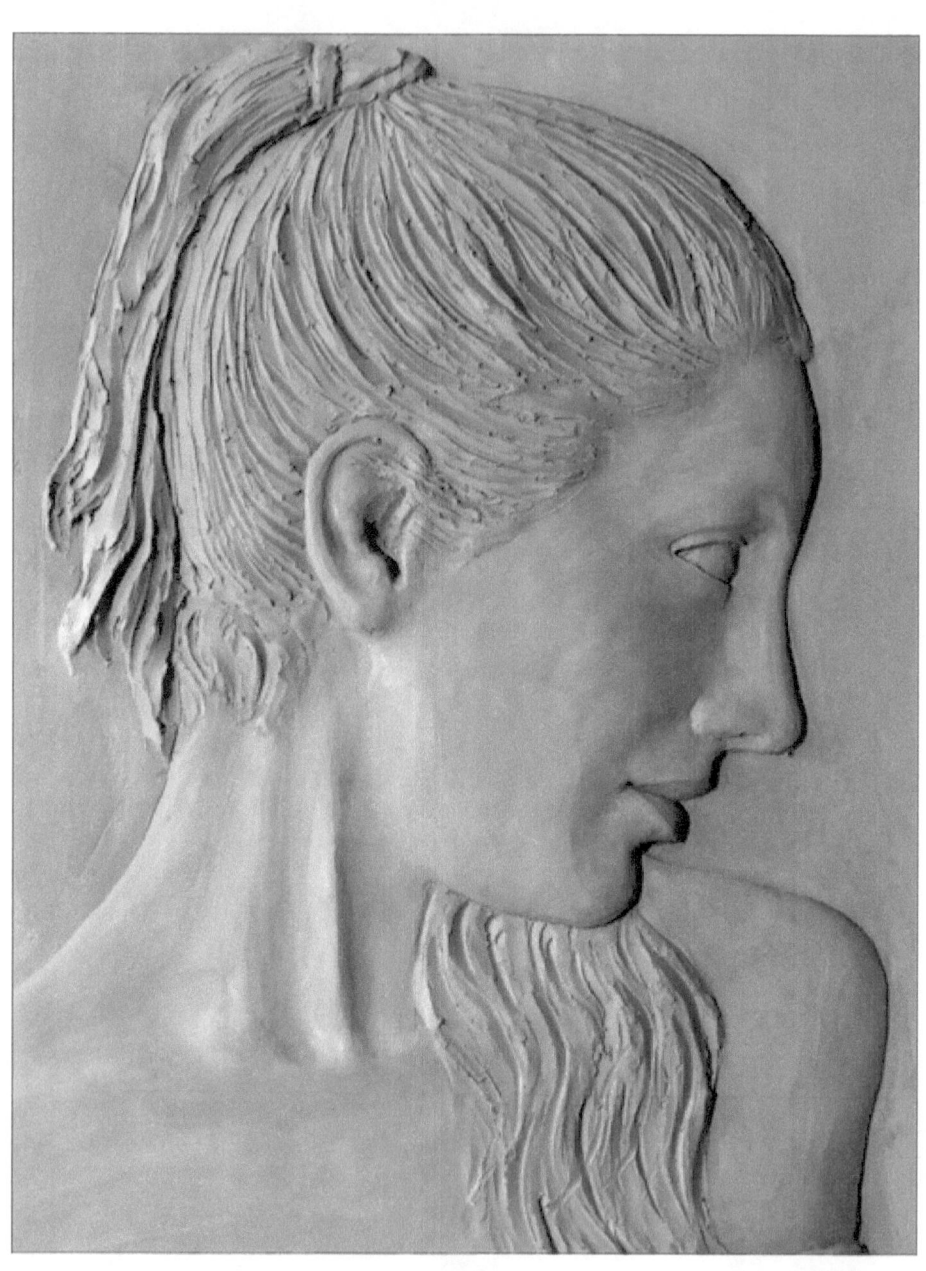

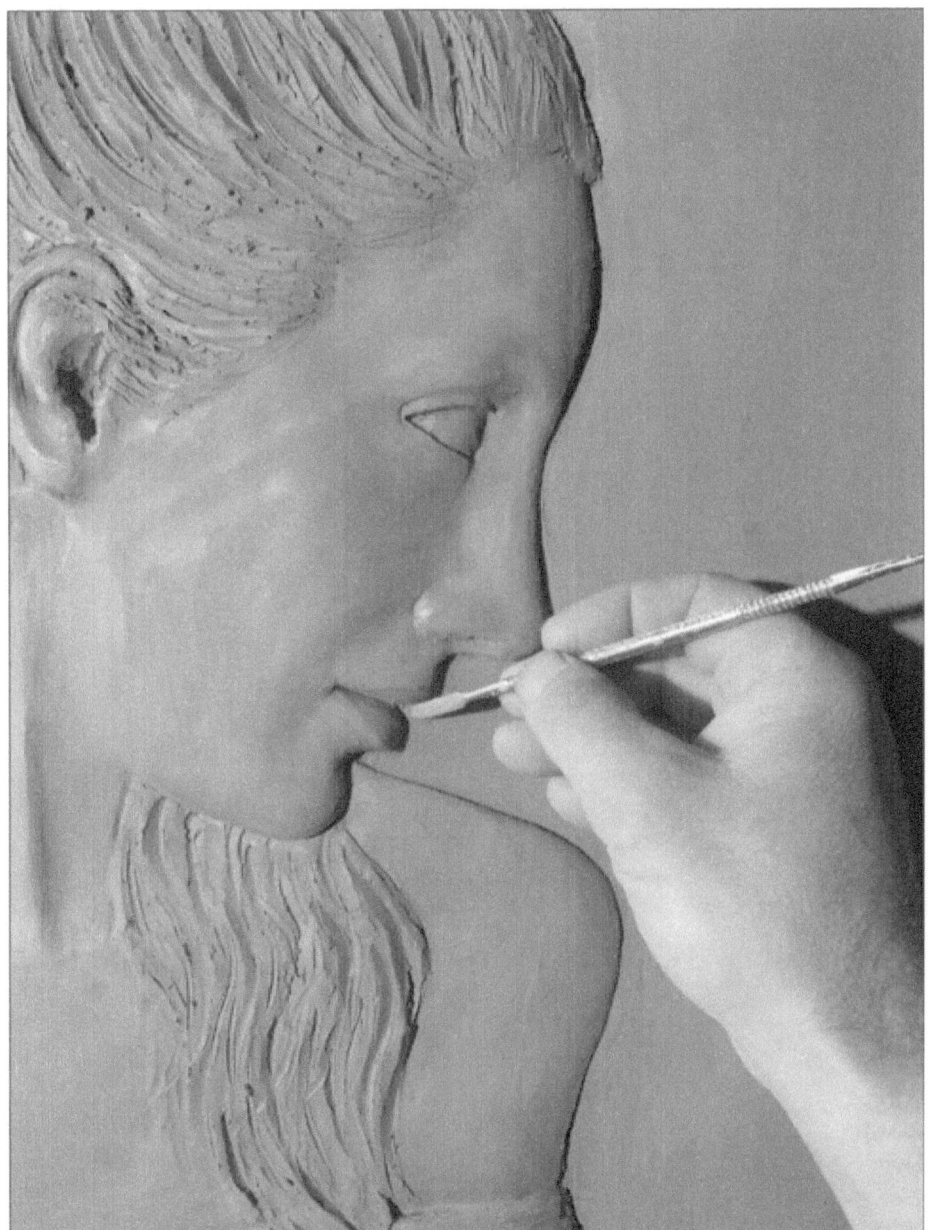

No nos olvidemos, como última operación, de evidenciar la figura del fondo incidiendo los bordes externos un par de milímetros de profundidad.

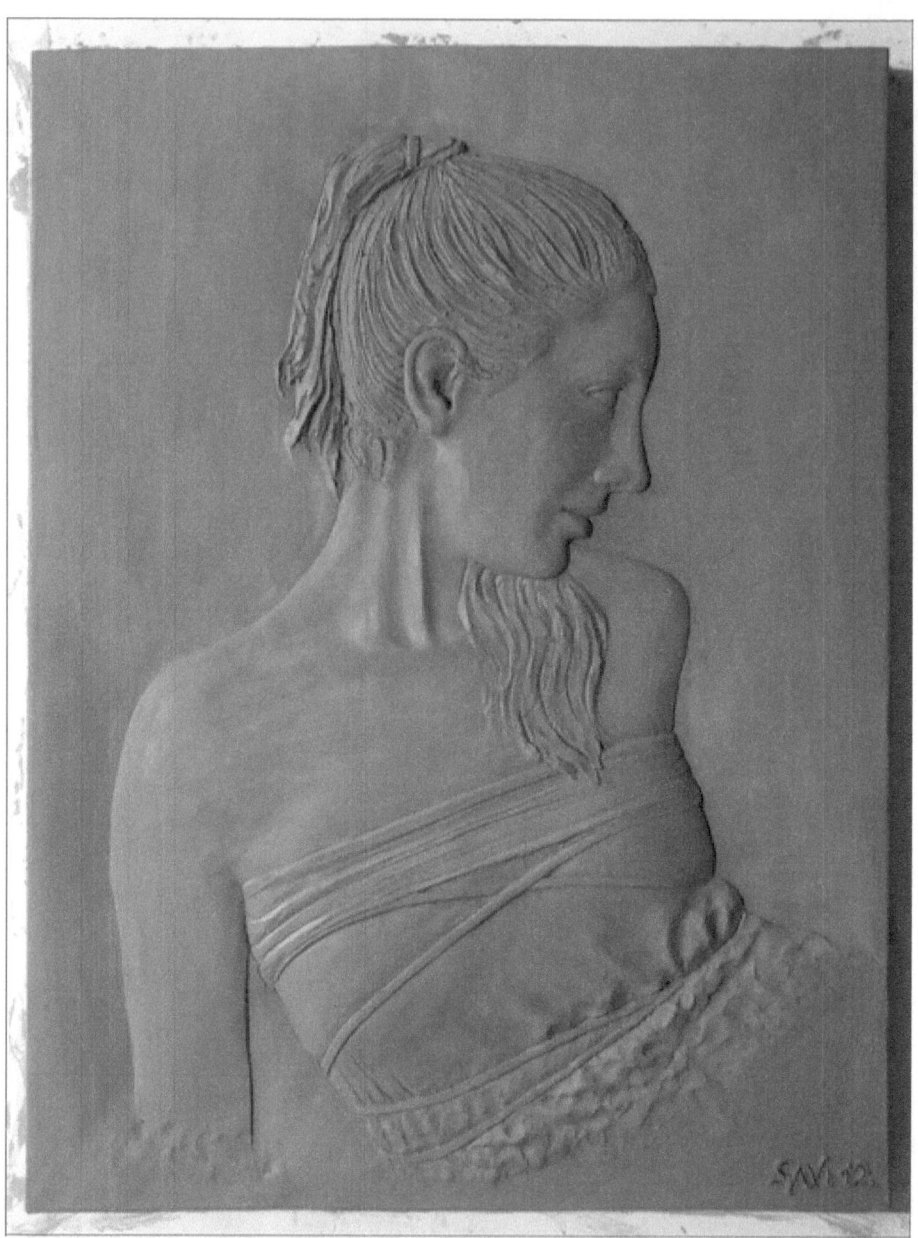

La obra se puede considerar terminada. Es bueno no insistir demasiado en querer retocar pequeños defectos e imperfecciones, dándole, en cambio, un final al trabajo, porque de otro modo cada día encontraríamos un detalle para mejorar, y es preferible hacer más ejercicios antes que insistir sobre un solo.

TERCER EJERCICIO

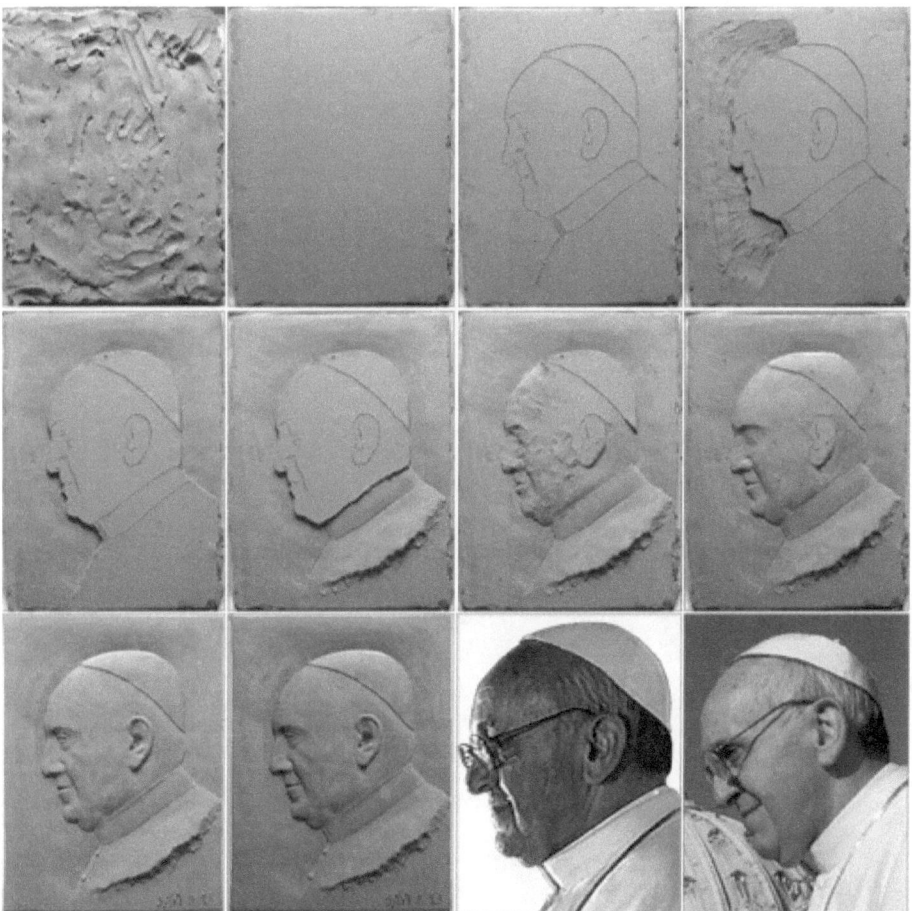

En el tercer ejercicio realizaremos un bajorrelieve que reproduce una cara de perfil, usando arcilla refractaria. Las dimensiones del bajorrelieve serán de 40 x 50 centímetros, base por altura, y de 3,5 centímetros de espesor.
Como ya señalado anteriormente, usando la arcilla refractaria será más duro modelar y definir los detalles más pequeños, pero en compensación podremos cocer nuestras creaciones.

Como para los otros ejercicios, realizaremos un plano de arcilla de 3,5 centímetros de espesor sobre una tabla un poco más grande que el plano; entre el plano de arcilla y la tabla, pondremos una hoja de papel con las dimensiones del plano dibujadas, de modo que la arcilla secando pueda sacarse sin quedar pegada a la tabla.

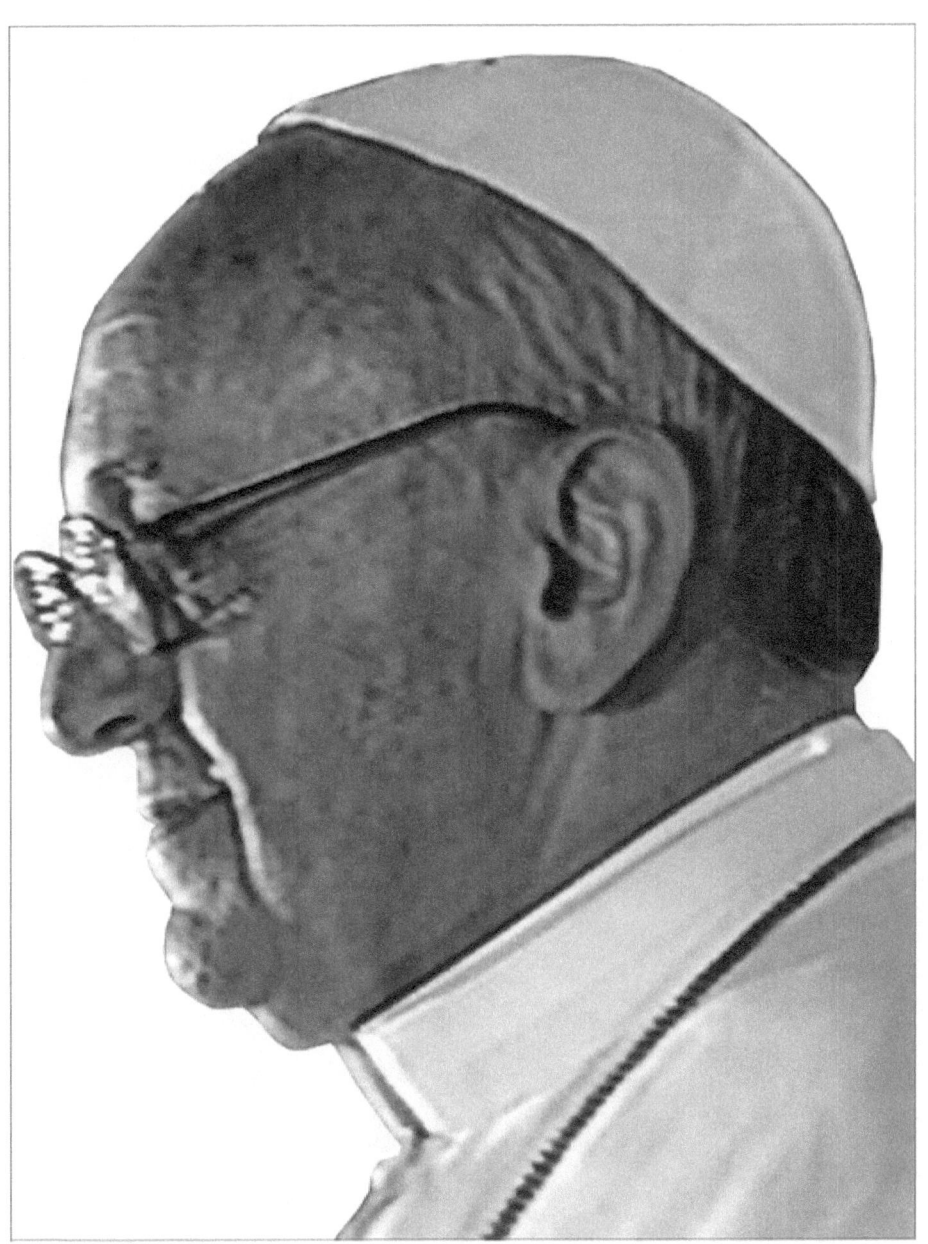

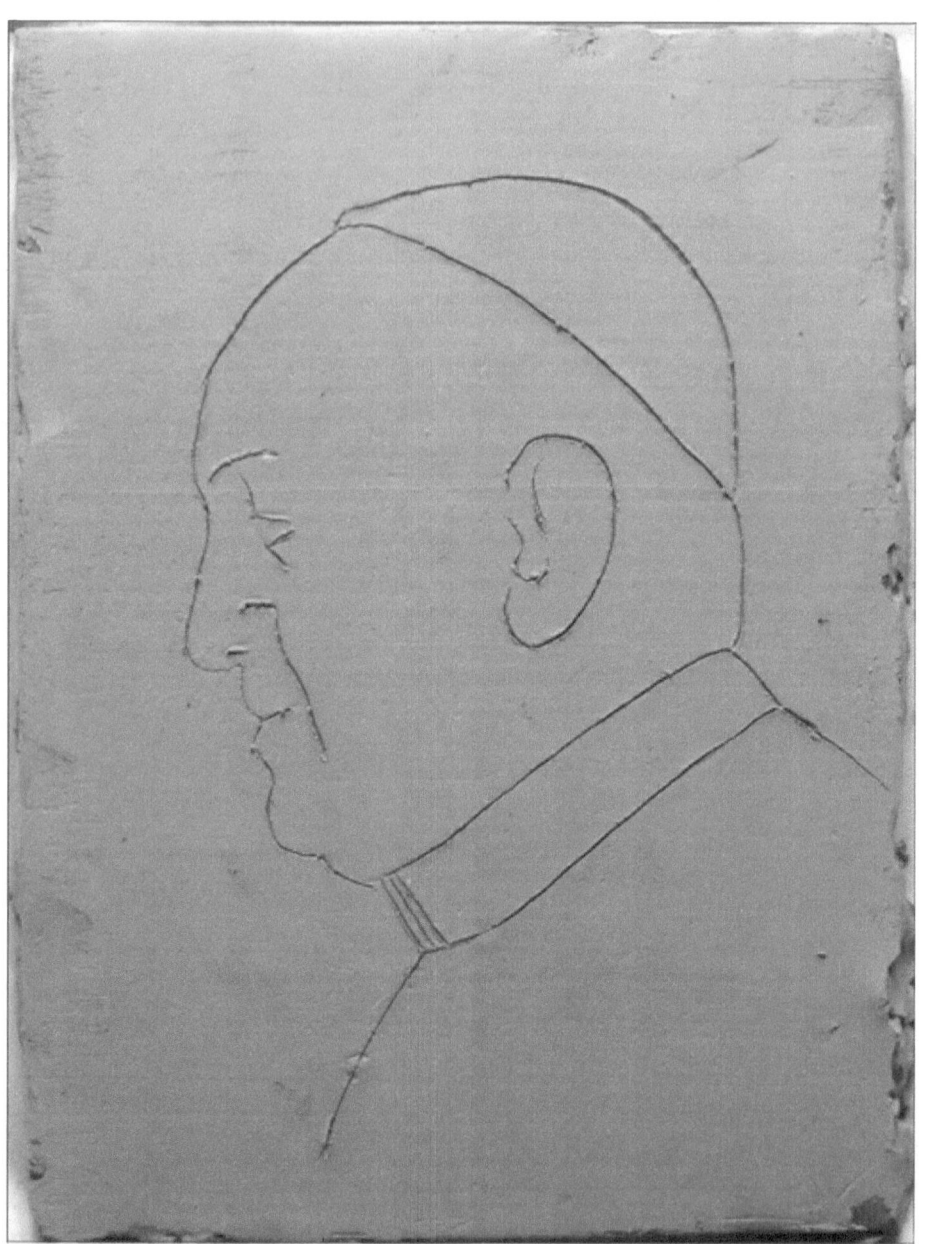

Trazamos las líneas esenciales de la figura sobre la arcilla;
sucesivamente incidimos con el instrumento E coincidiendo con
la marca y a lo largo de todo el perímetro, por una profundidad
de 13 milímetros aproximadamente.

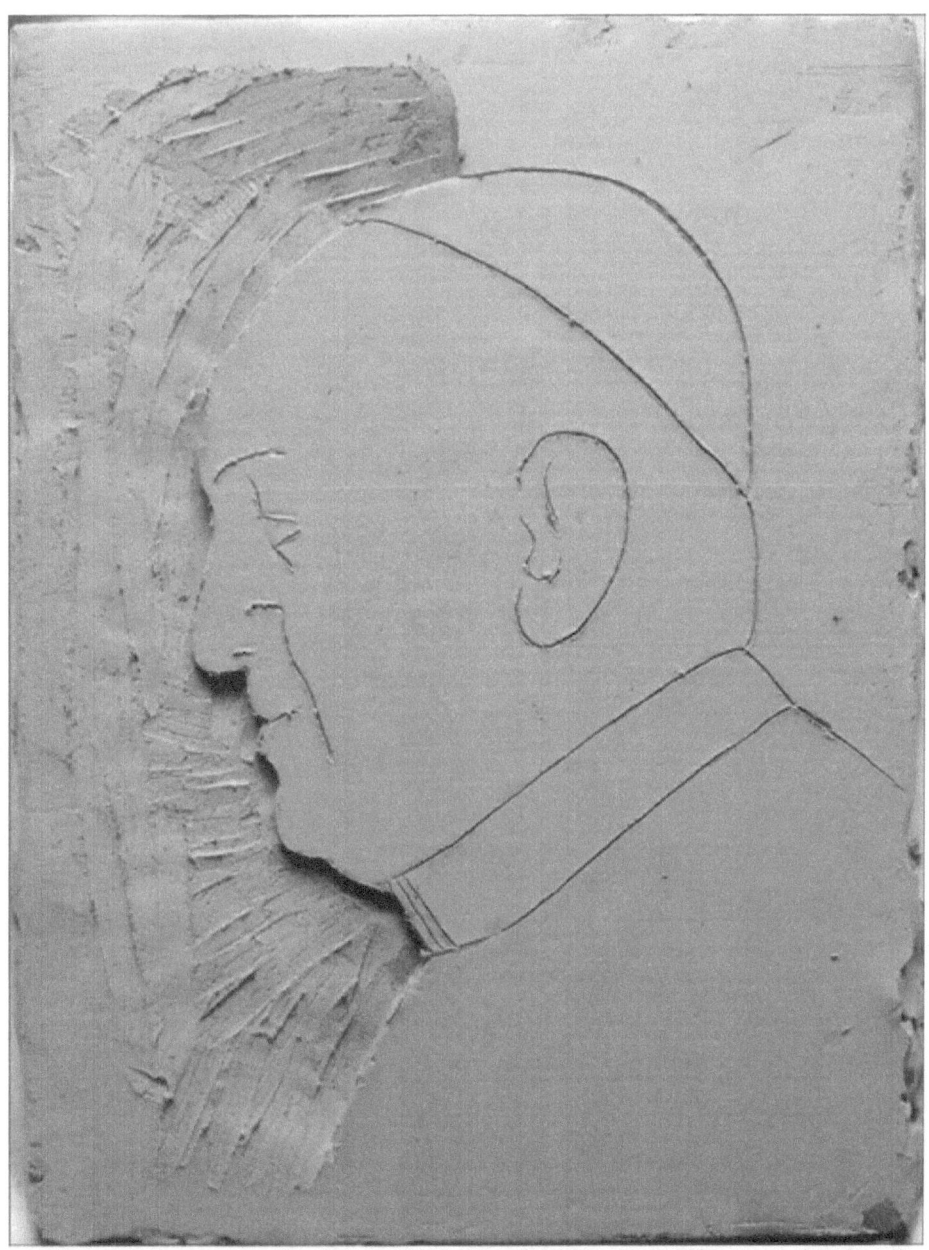

Iniciaremos sacando la arcilla alrededor de la figura siguiendo
los pasos indicados en los otros ejercicios.

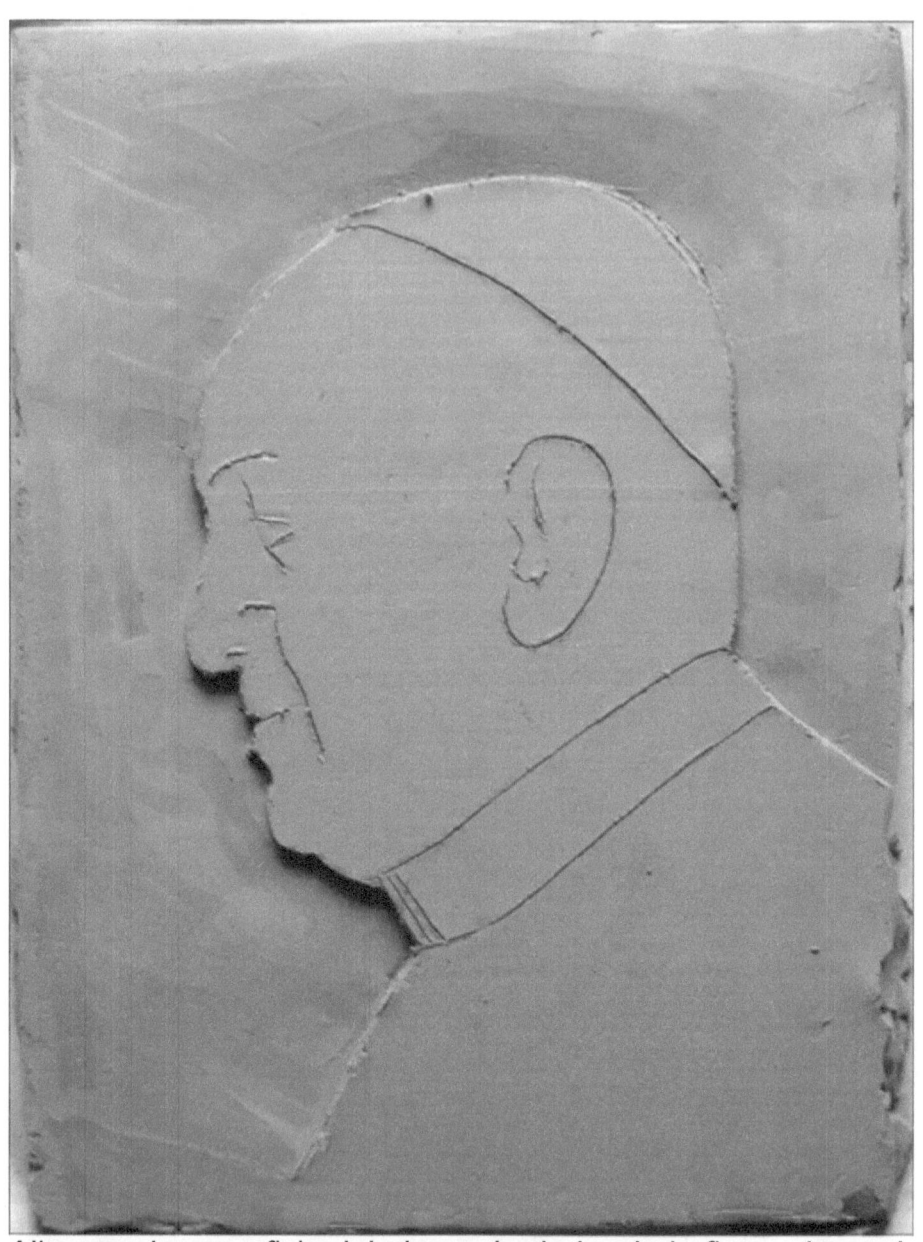

Alisamos la superficie del plano alrededor de la figura de modo que la figura sobresalga del plano unos 13 milímetros.

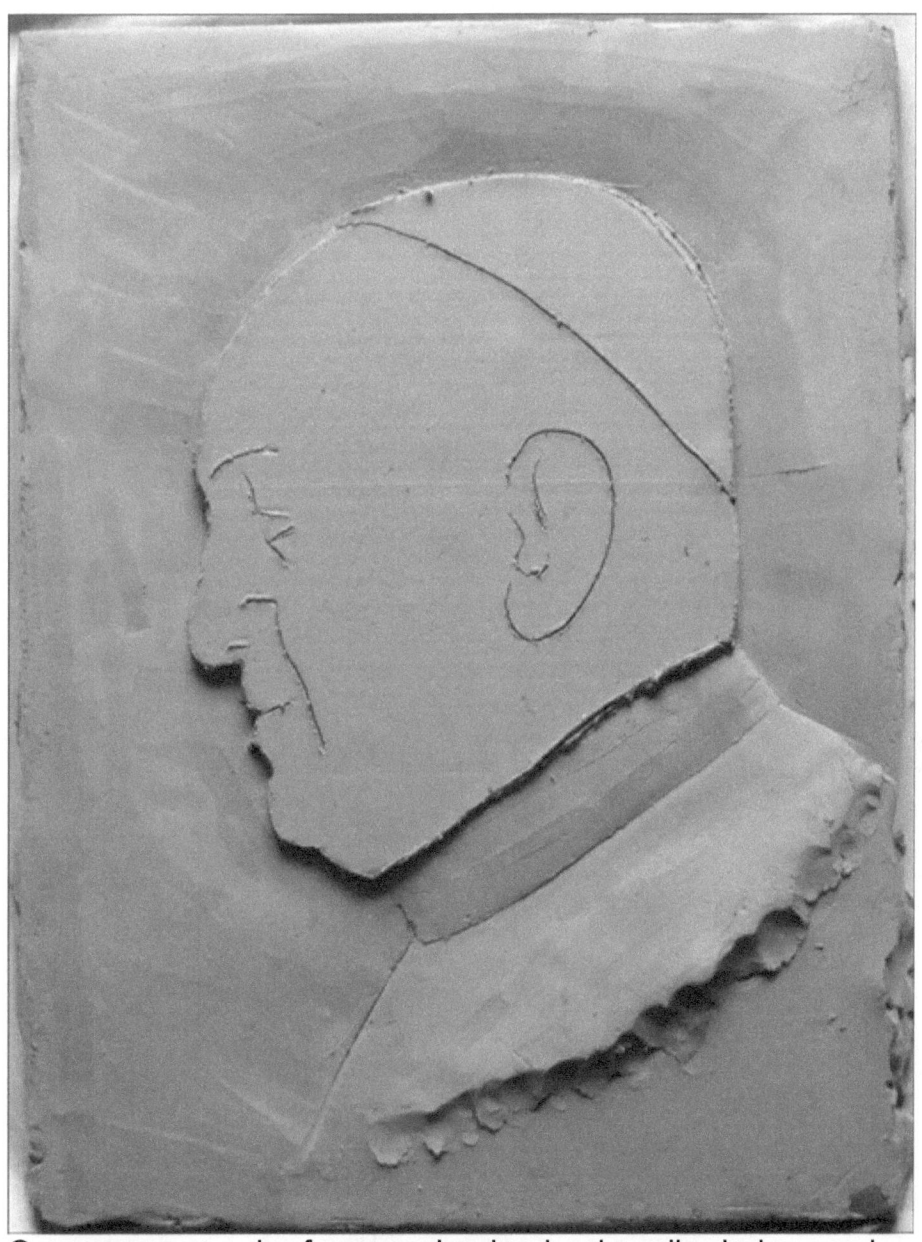

Comenzamos a dar forma redondeada al cuello de la prenda y a la ropa.

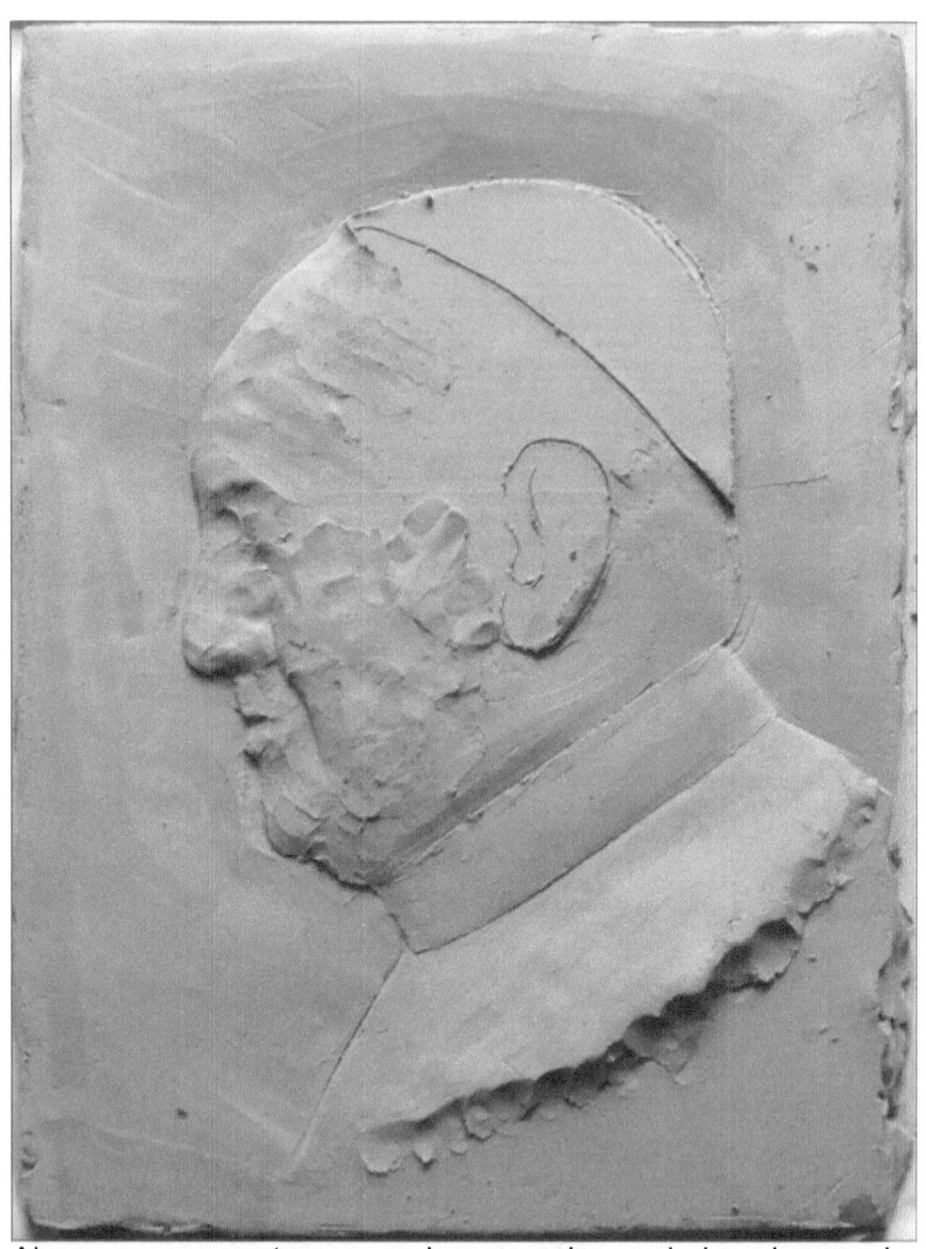

Ahora nos concentramos en la cara esbozando los planos y las formas con los dedos.

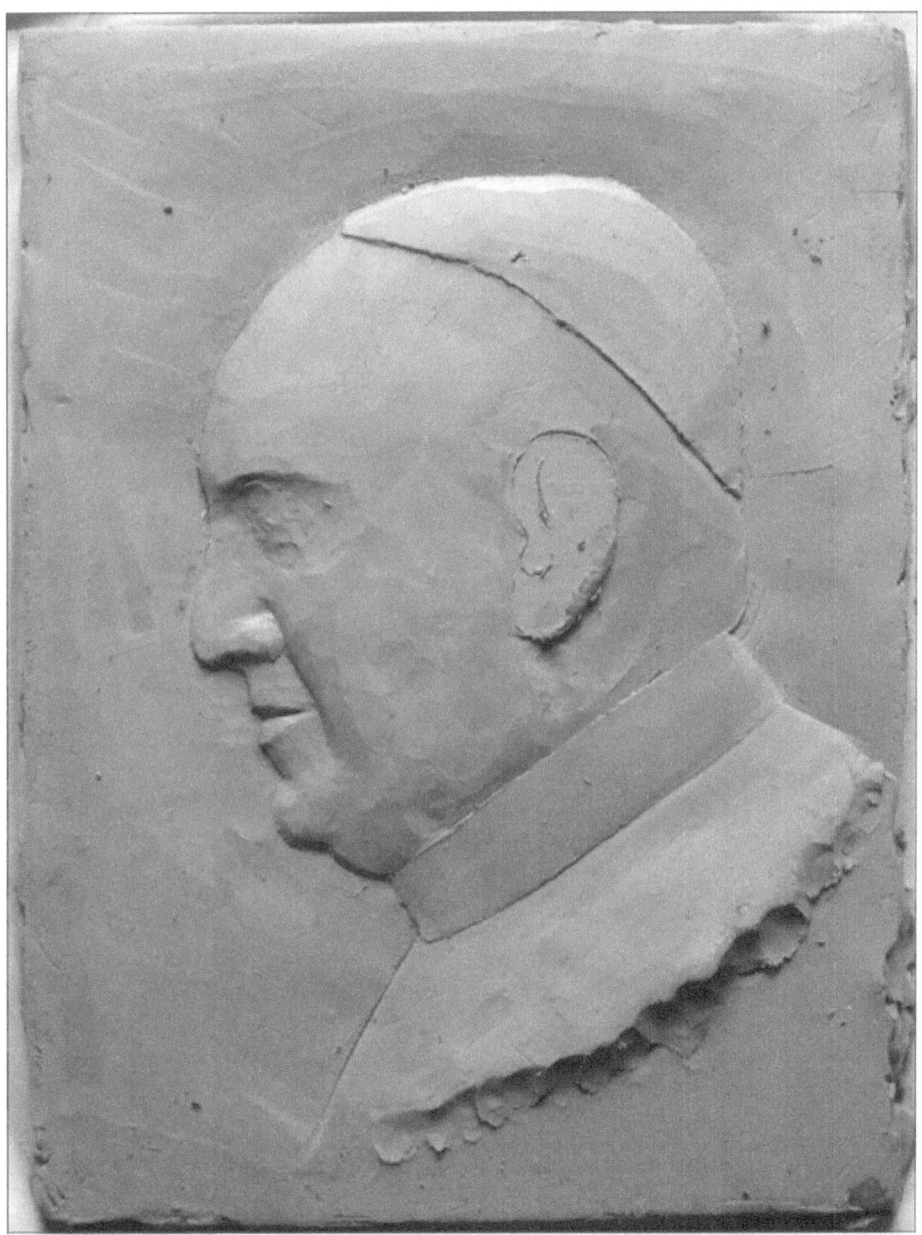

Siempre definimos las distintas partes de la cara, usando las espátulas más pequeñas.

En el retrato, el cuidado de los detalles es esencial: pocos décimos de milímetro de más o de menos hacen la diferencia, por lo tanto es necesario comparar a menudo el bajorrelieve que se está haciendo con la foto original.

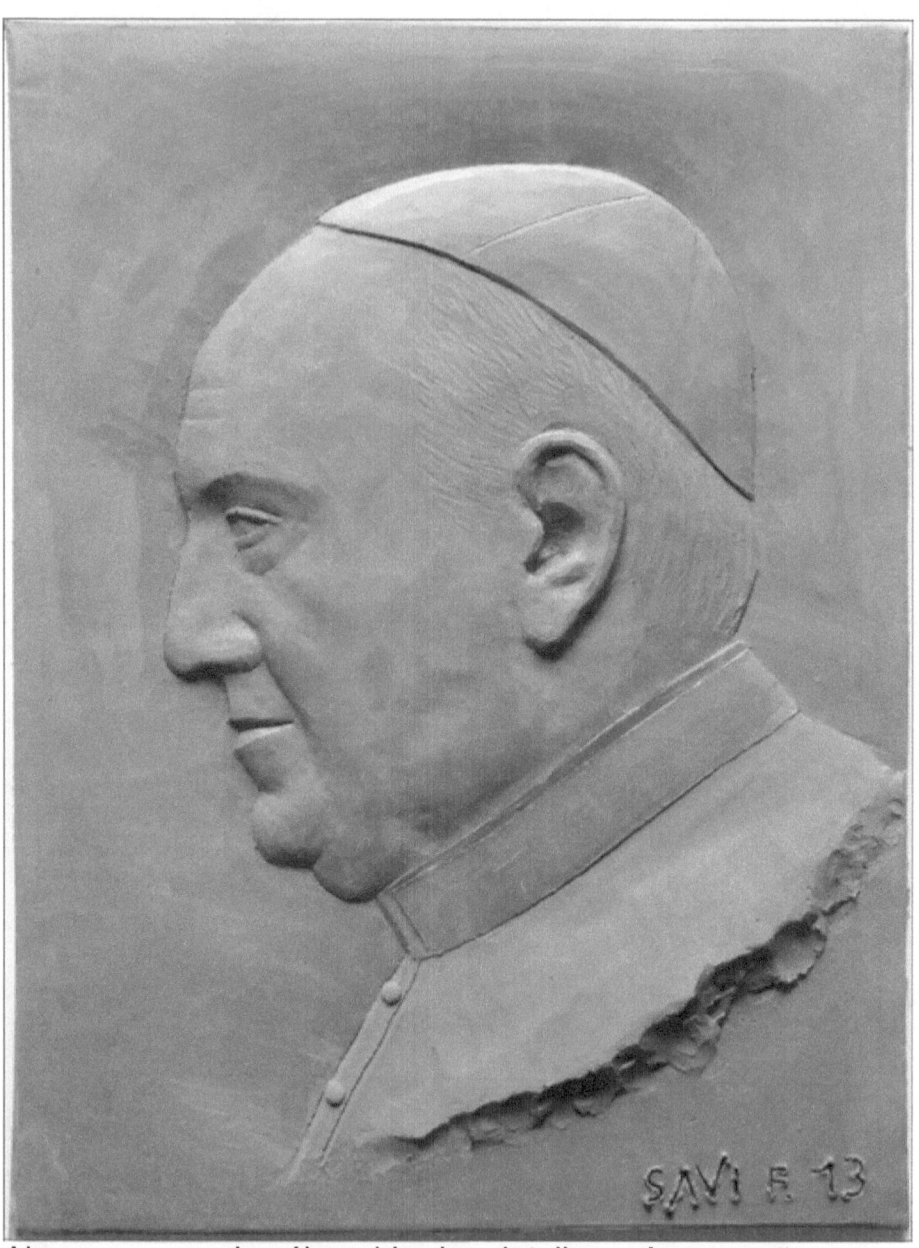

Ahora, nos queda sólo cuidar los detalles más pequeños como los labios, los párpados, los pliegues de la piel, la oreja, los rasgos de la vestimenta y de la papalina.

Últimas dos operaciones: alisar y cuadrar el borde del bajorrelieve e incidir por un par de milímetros el contorno del retrato.

CUARTO EJERCICIO

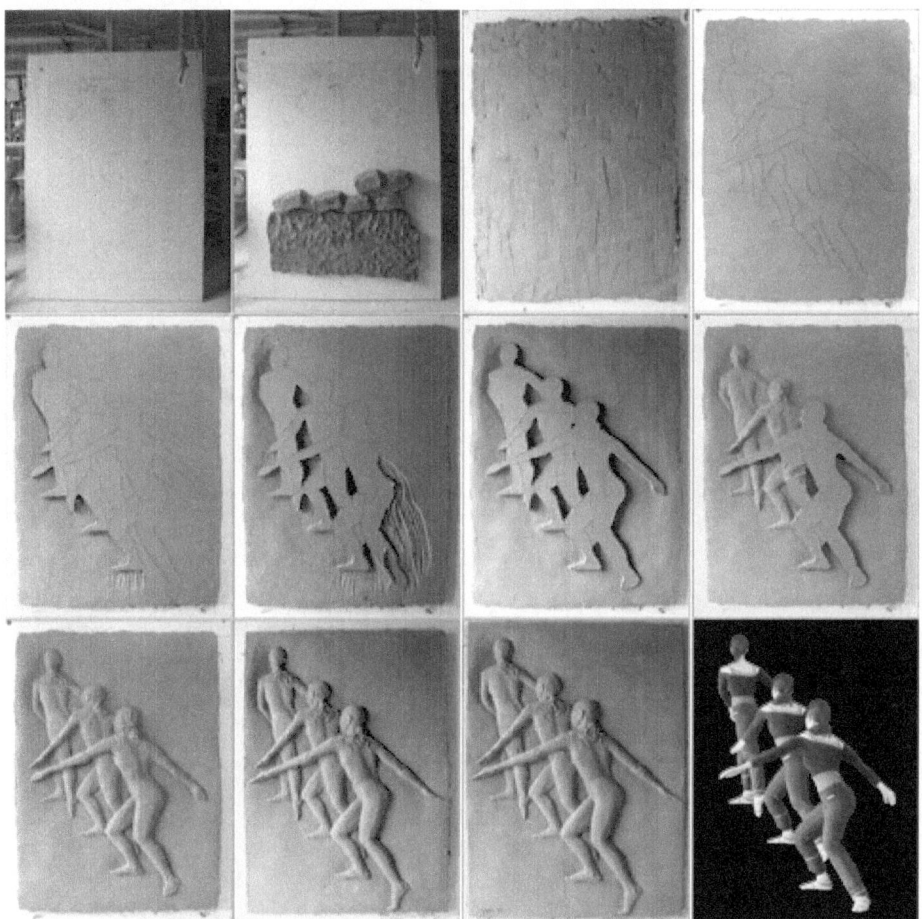

Será un trabajo de grandes dimensiones, 110 x 165 centímetros, base por altura, con un espesor de 6 centímetros. Usaremos arcilla común, porque luego no tendremos que cocerlo, pero servirá para hacer un calco (aunque el tema del calco no será tratado en este texto).

El tema elegido para modelar será por mitad inspirada en figuras reales y la otra mitad de libre creación, respetando siempre canones anatómicos reales.

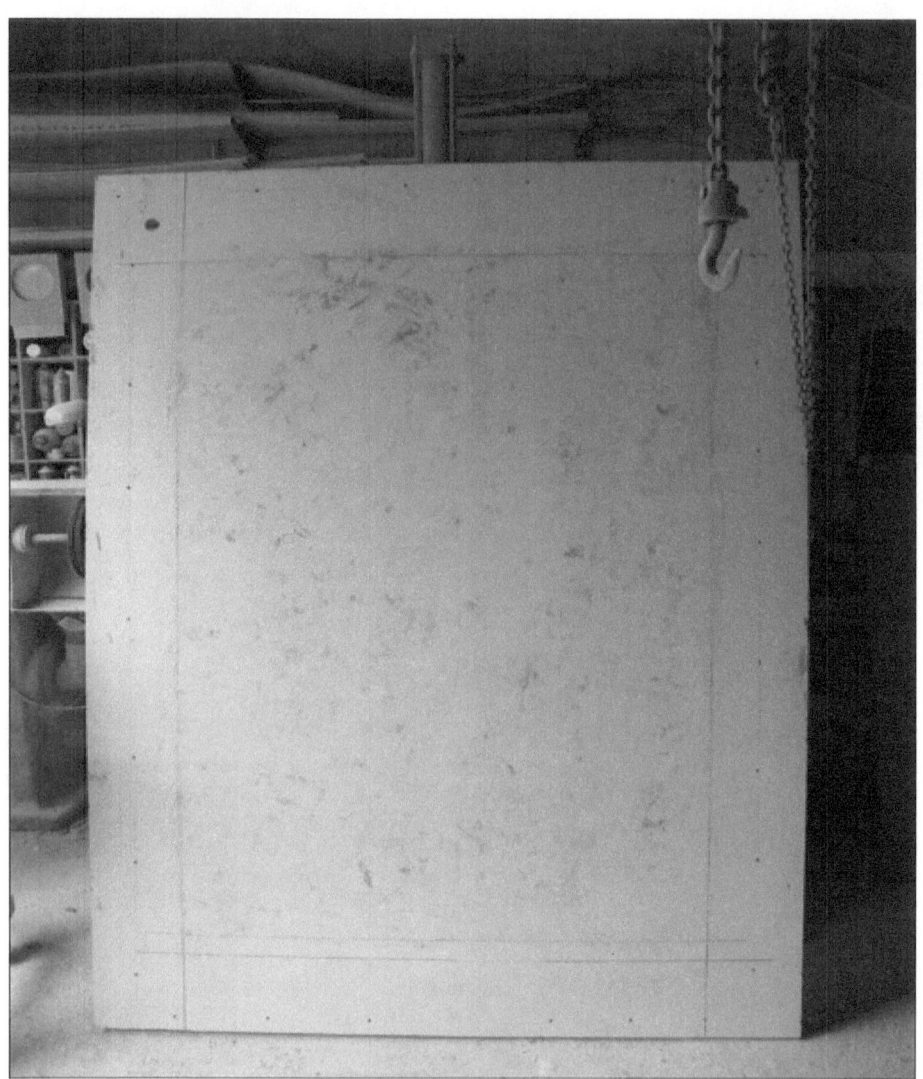

A propósito de la tabla sobre la cual modelar el altorrelieve, deberemos tener presente que estarán en juego pesos notables, cerca de 150 kilos de arcilla y sucesivamente otros 800 kilos de yeso. Por lo tanto, para el calco, la tabla de soporte tendrá que ser capaz de sustentar tales pesos y tiene que ser, necesariamente, reforzada con ases/soportes.

En este caso, la tabla de conglomerado de madera ennoblecida de las dimensiones de 200 x 150 centímetros, base por altura, con un espesor de 2 centímetros, deberá ser reforzada en la parte posterior por 4 ases/soportes de abeto de un diámetro de 8 x 8 centímetros.

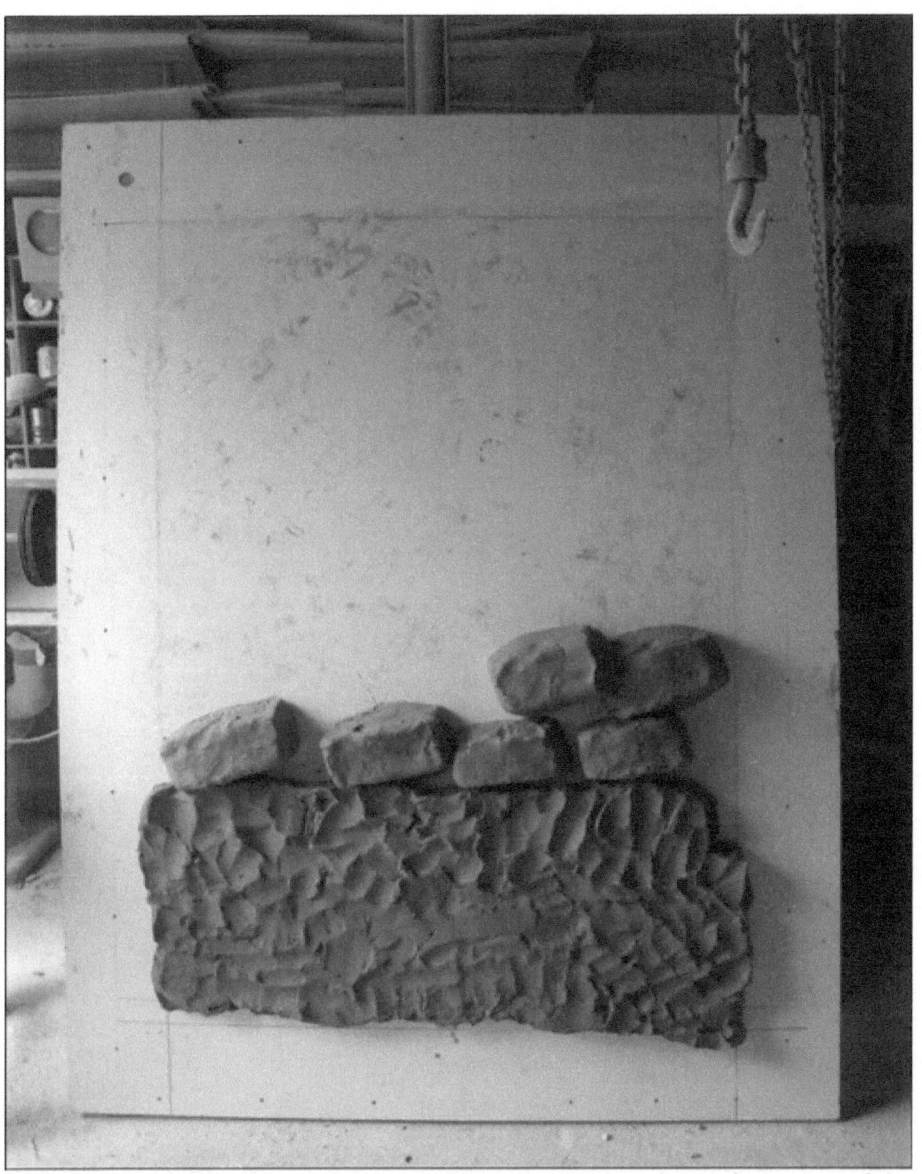

Tenemos que trazar, como en los otros ejercicios la escuadría, que delimita las dimensiones del altorrelieve; las marcas de la escuadría en los ángulos tienen que ser un poco más largas.

Arrojaremos con fuerza sobre la tabla gruesas porciones de panes de arcilla común, de modo que queden pegados a ella y puedan ser modelados en vertical; con estas dimensiones, modelar en vertical es más cómodo y nos permite observar con mayor precisión las proporciones de las figuras.

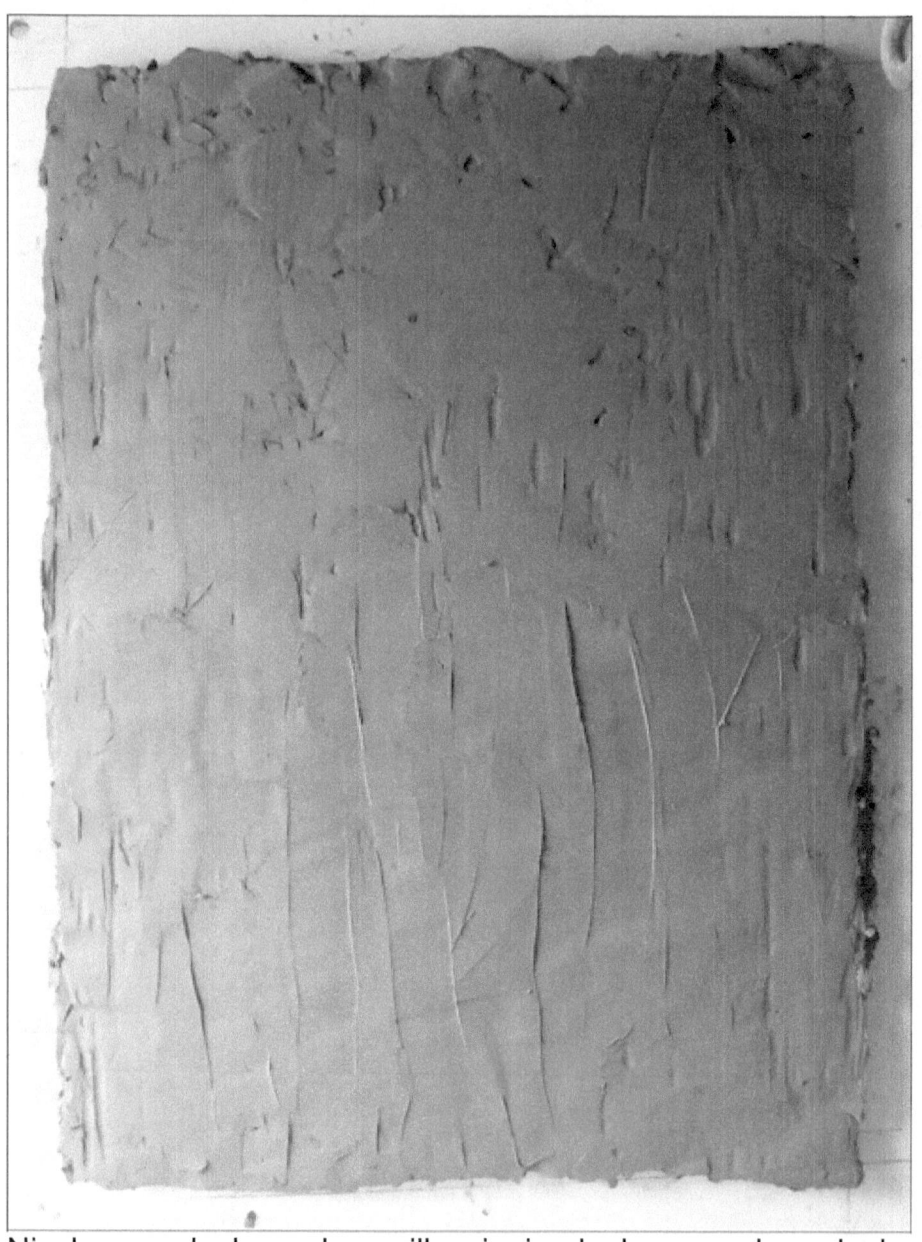

Nivelamos el plano de arcilla siguiendo la procedura de los otros ejercicios. En este caso el empeño, además de ser mental, será también físico.

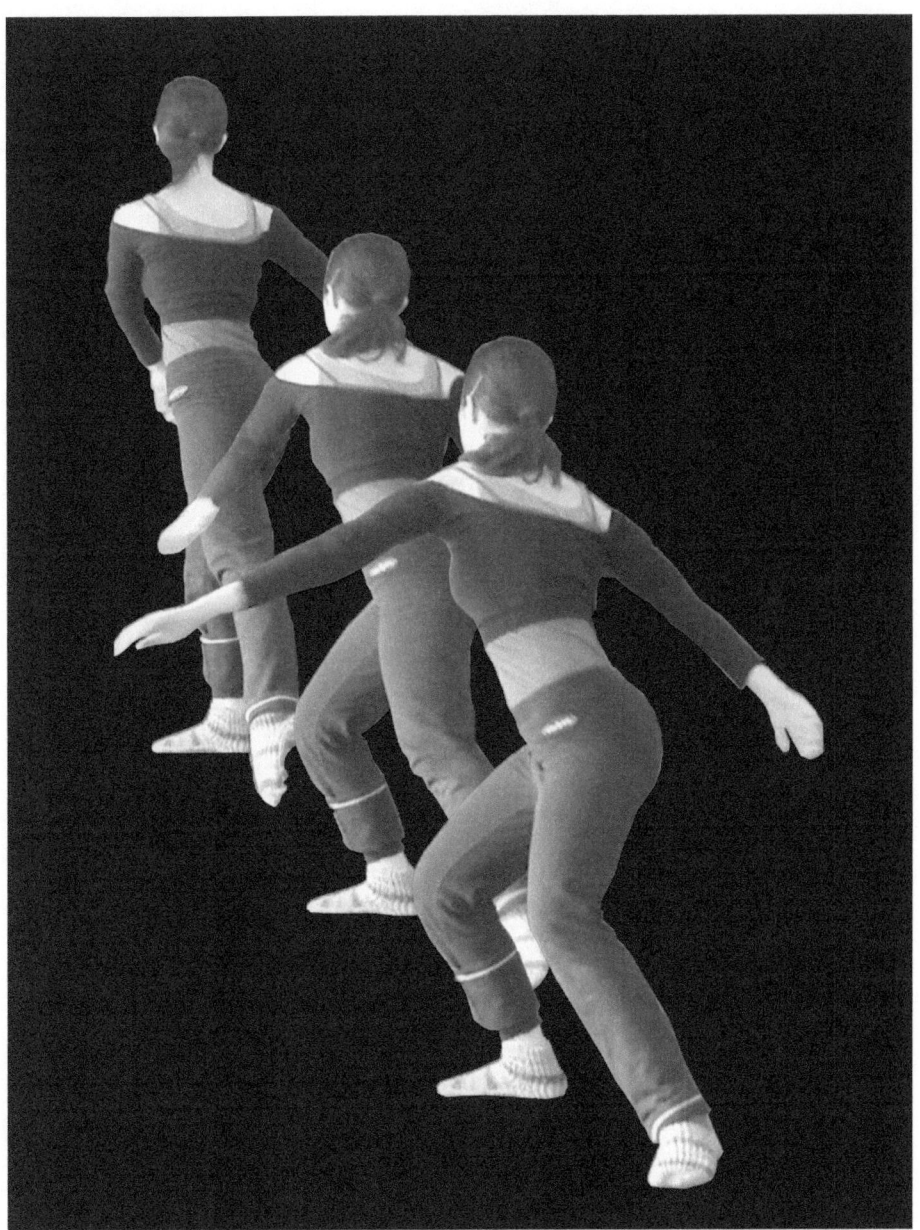

Figura de la cual tomaremos la inspiración de los movimientos
y, además, en parte, de las formas anatómicas.

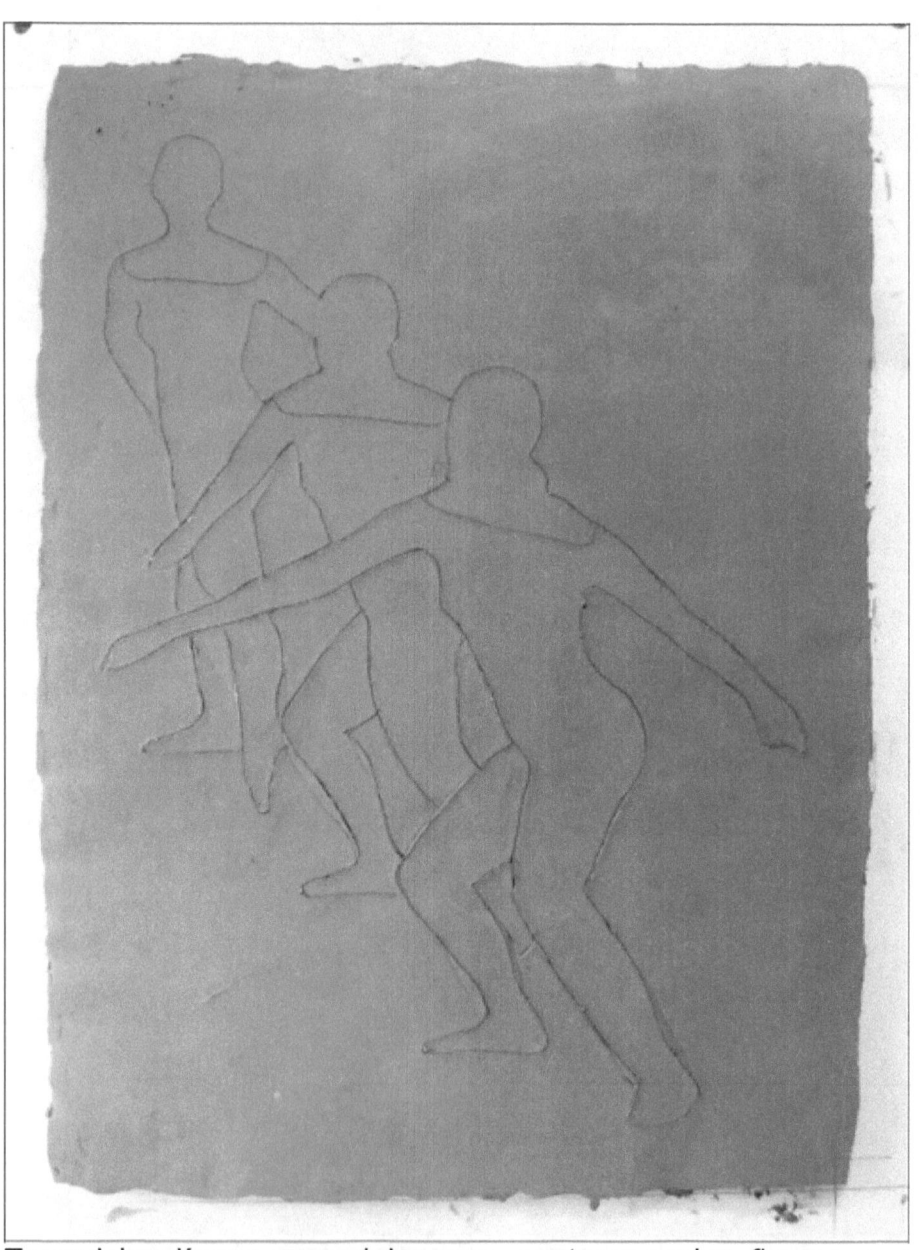

Trazad las líneas esenciales que contornean las figuras que tenemos que modelar y luego, coincidiendo con estas, incidid por una profundidad de unos 3 centímetros, que constituirán la altura de las figuras modeladas.

Querría hacer algunas consideraciones importantes concernintes a las fuentes de inspiración.

Como se puede observar de la foto anterior, para este nuevo ejercicio nos inspiraremos en una bailarina y cogeremos tres posiciones que ella realiza durante la evolución de un movimiento suyo.

No nos limitaremos a copiar fielmente las tres figuras del movimiento, pero las modificaremos según nuestro agrado; en efecto, la bailarina lleva un chándal (ropa deportiva) y la queremos representar de manera que piernas y brazos estén descubiertos.

Para modelar cualquier parte anatómica y hacerla lo más verosímil posible, tenemos que documentarnos observando la realidad u otras imágenes. Por lo tanto, para este ejercicio, además de inspirarnos en la imagen de la bailarina, también deberemos observar cuidadosamente otras fuentes.

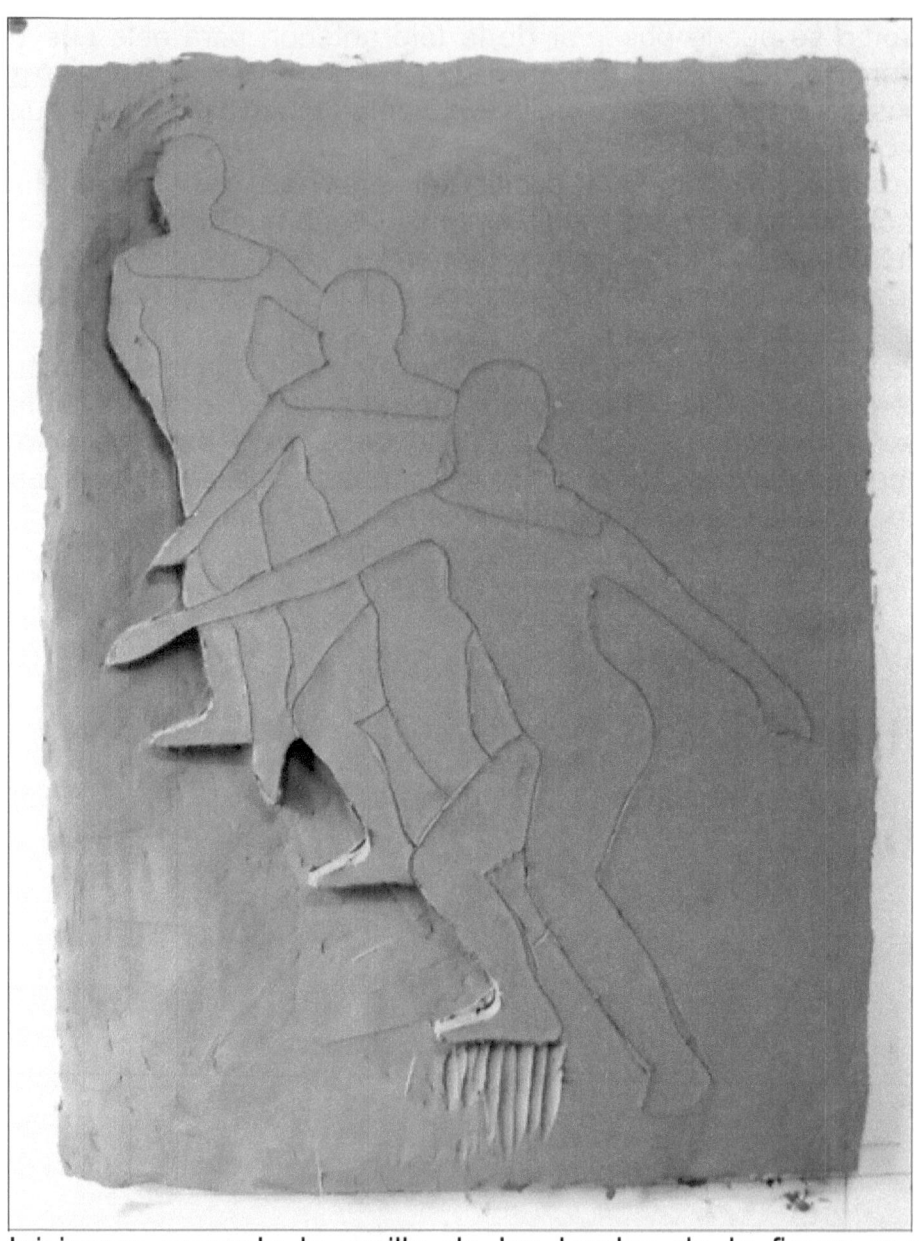

Iniciamos sacando la arcilla de los bordes de la figura con "miretta" vaciador y espátulas.

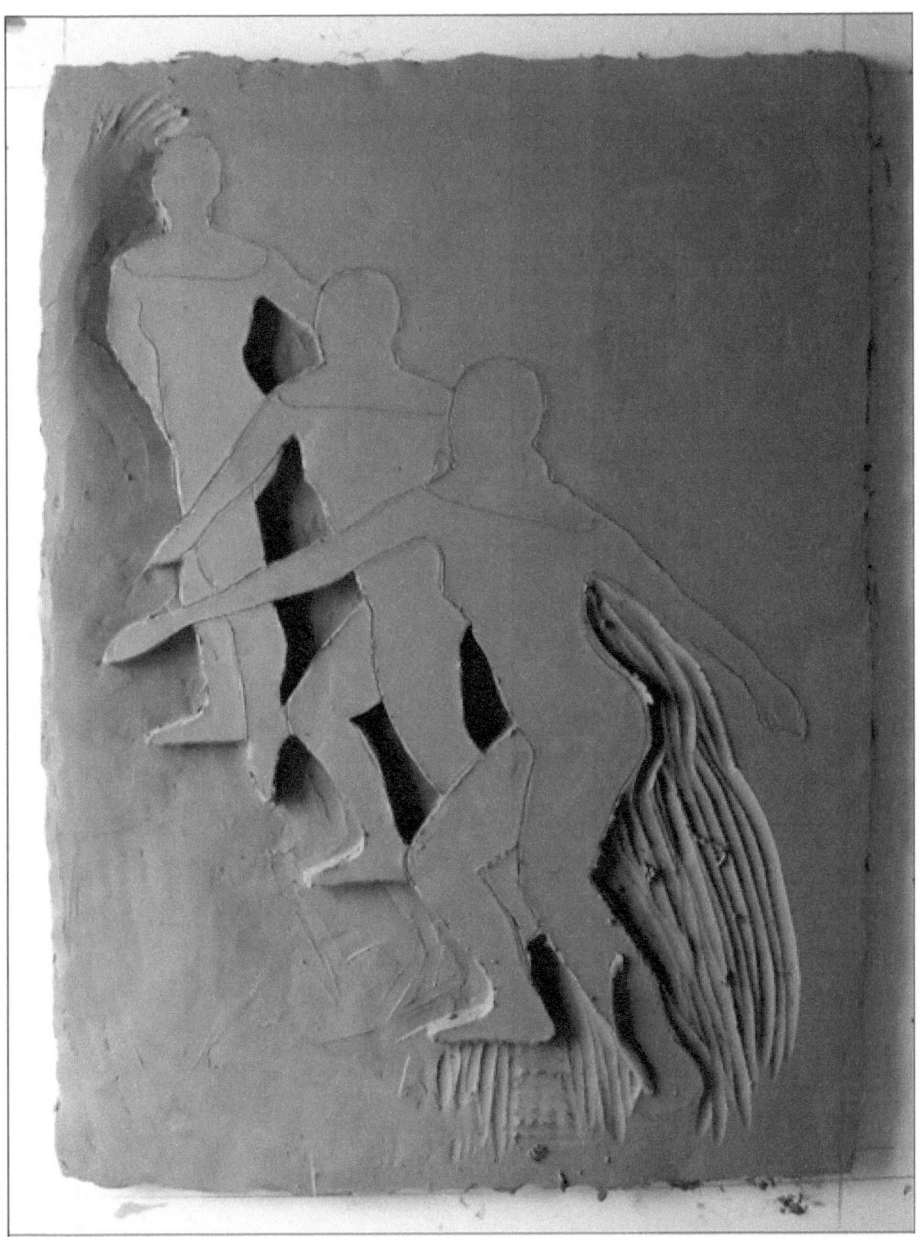

Prestemos mucha atención en definir con precisión los bordes: más están en evidencia las figuras con respecto al plano es más fácil cometer errores incidiendo de modo impreciso los ángulos y las líneas que la describen.

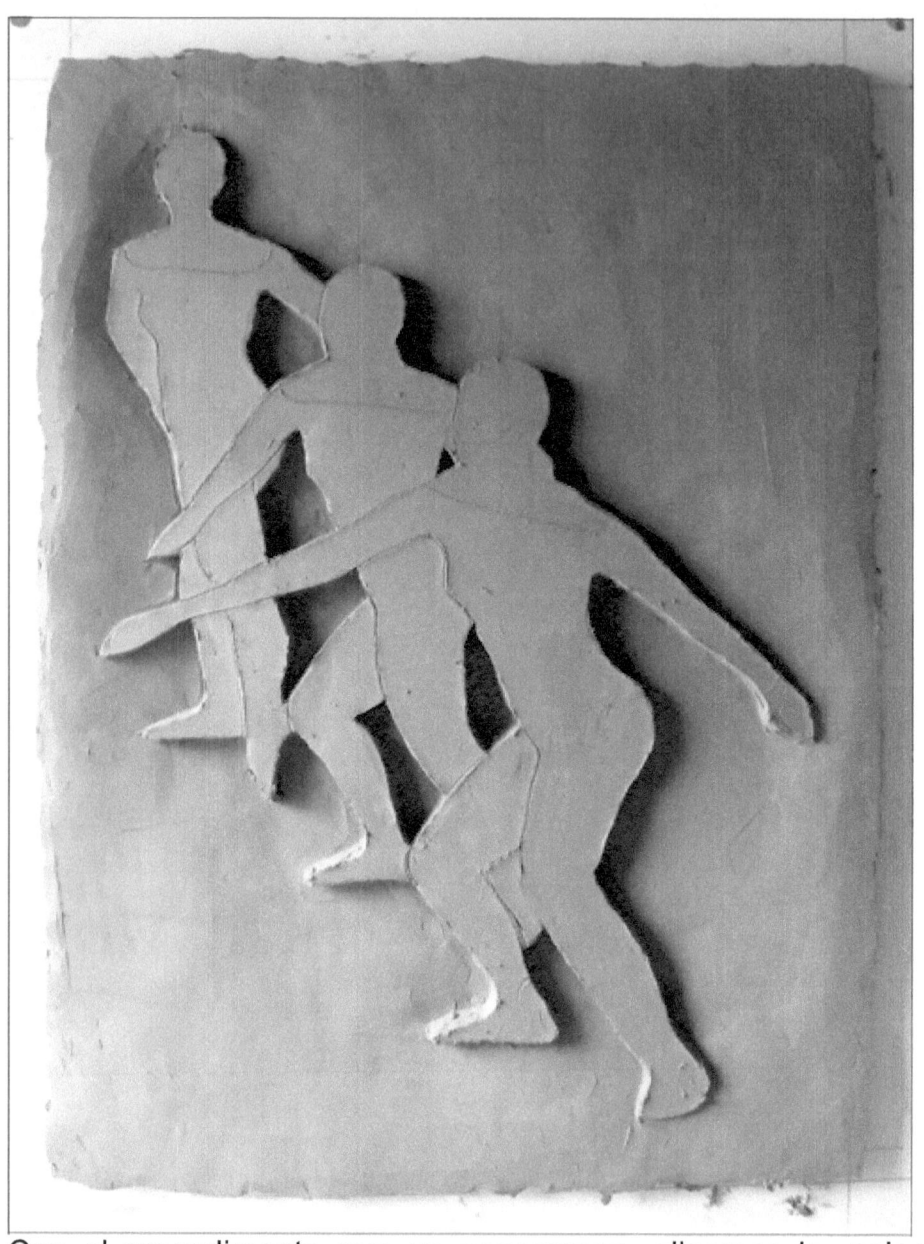

Con el procedimento que ya conocemos, alisamos lo mejor posible el plano.
Las tres figuras tienen una altura de 3 centímetros con respecto al plano que las circunda.

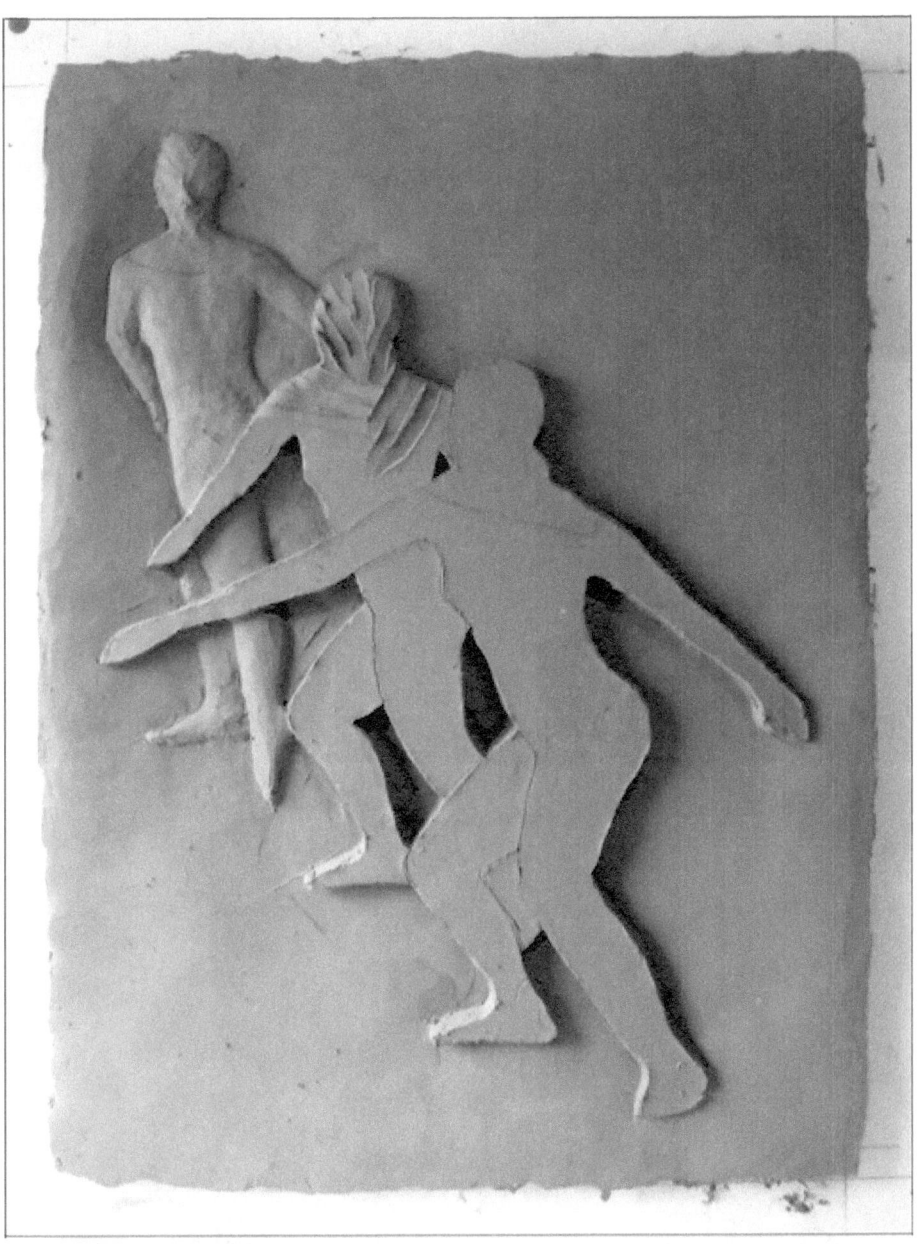

Tengamos presente el esquema hecho para el ejercicio de las tres esferas: también en este caso tenemos que dar el efecto de la perspectiva. Cada uno de estas figuras tendrá su altura escalando de la más cercana a la más lejana, la más lejana será la que tenga menor altura.

Procedemos en modelar de izquierda a derecha para evitar arruinar accidentalmente partes de figura ya modelada.

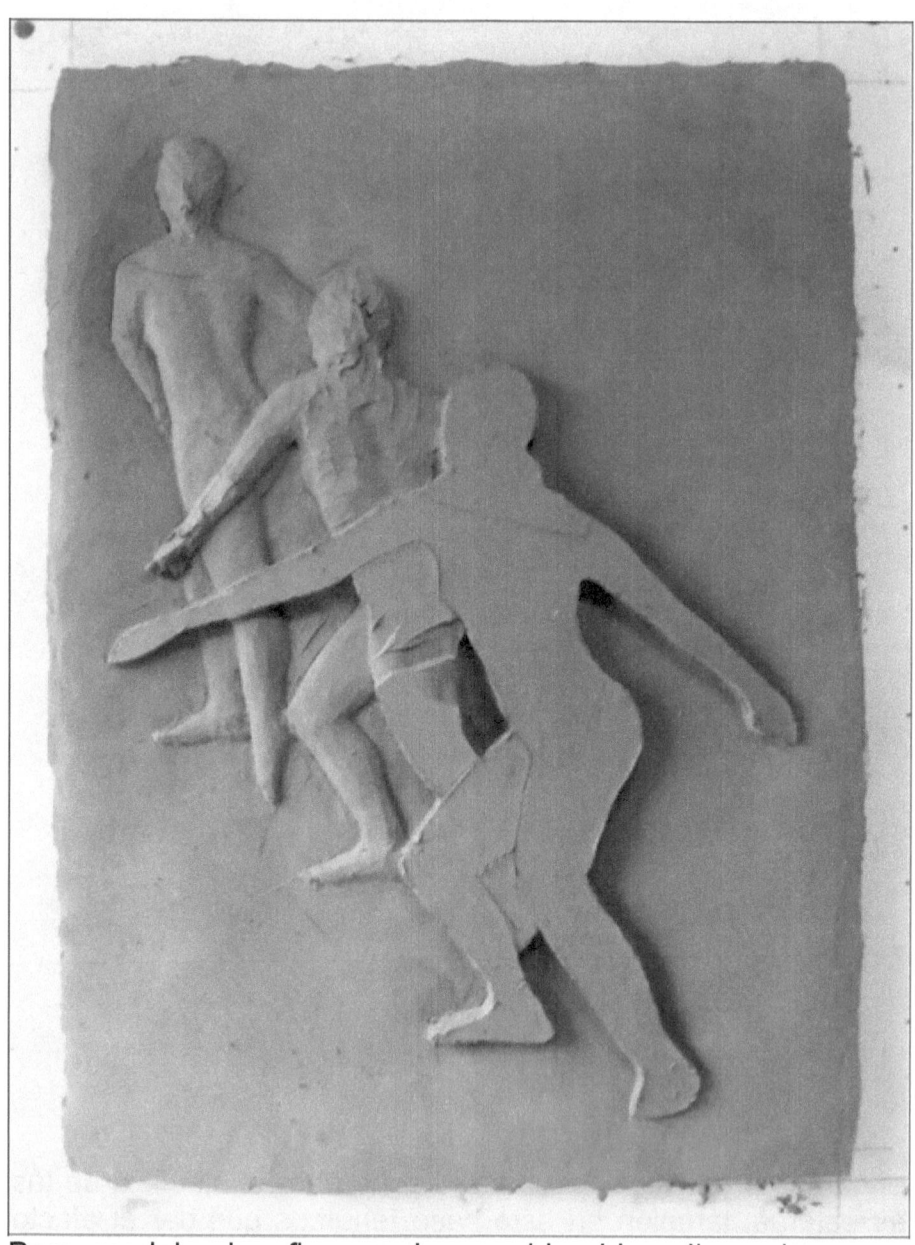

Para modelar las figuras de considerables dimensiones, se puede utilizar, indiferentemente, tanto espátulas como dedos, recomiendo el uso de las espátulas sólo para definir los detalles.

Como se puede observar, la altura de la segunda figura con respecto a la primera está un poco más evidenciada.

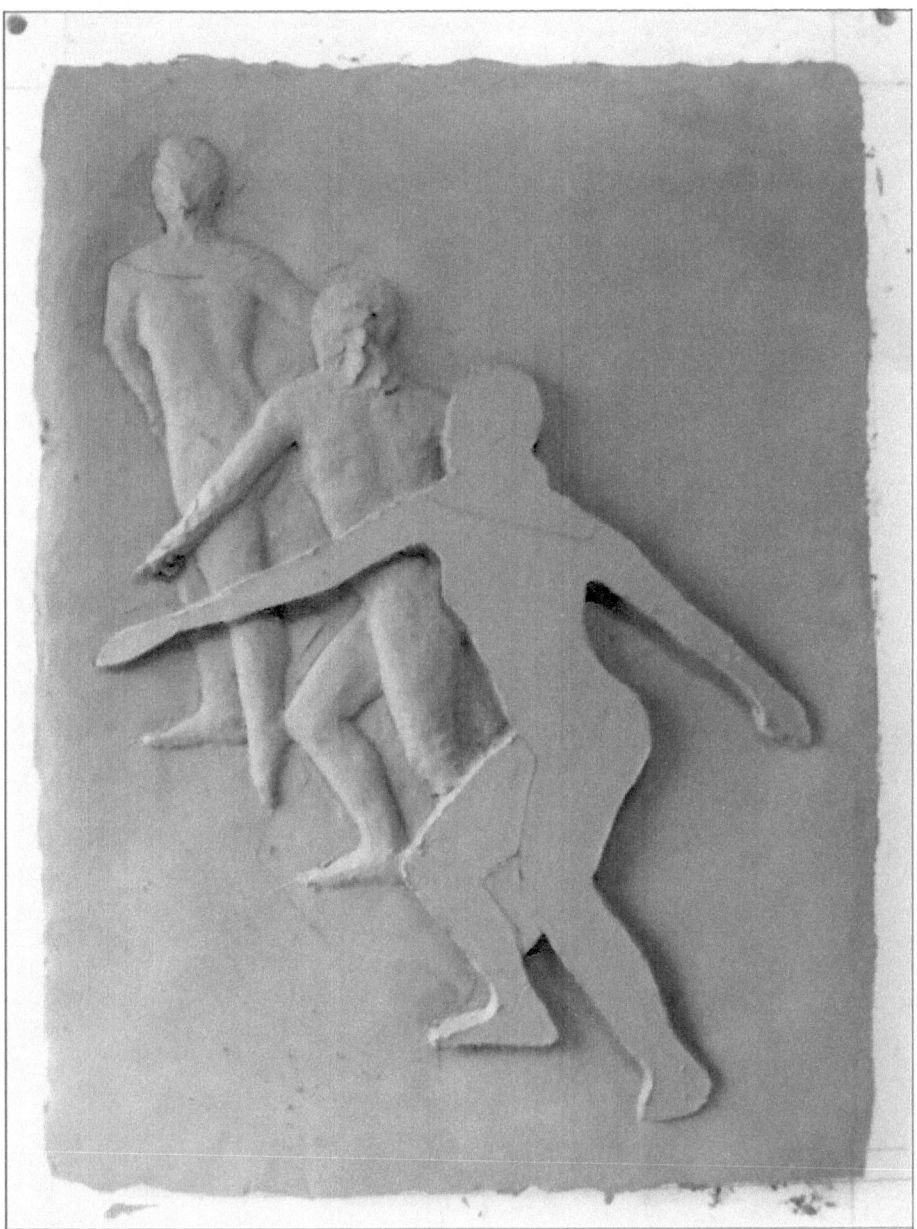

Poco a poco vamos definiendo mejor la segunda figura.

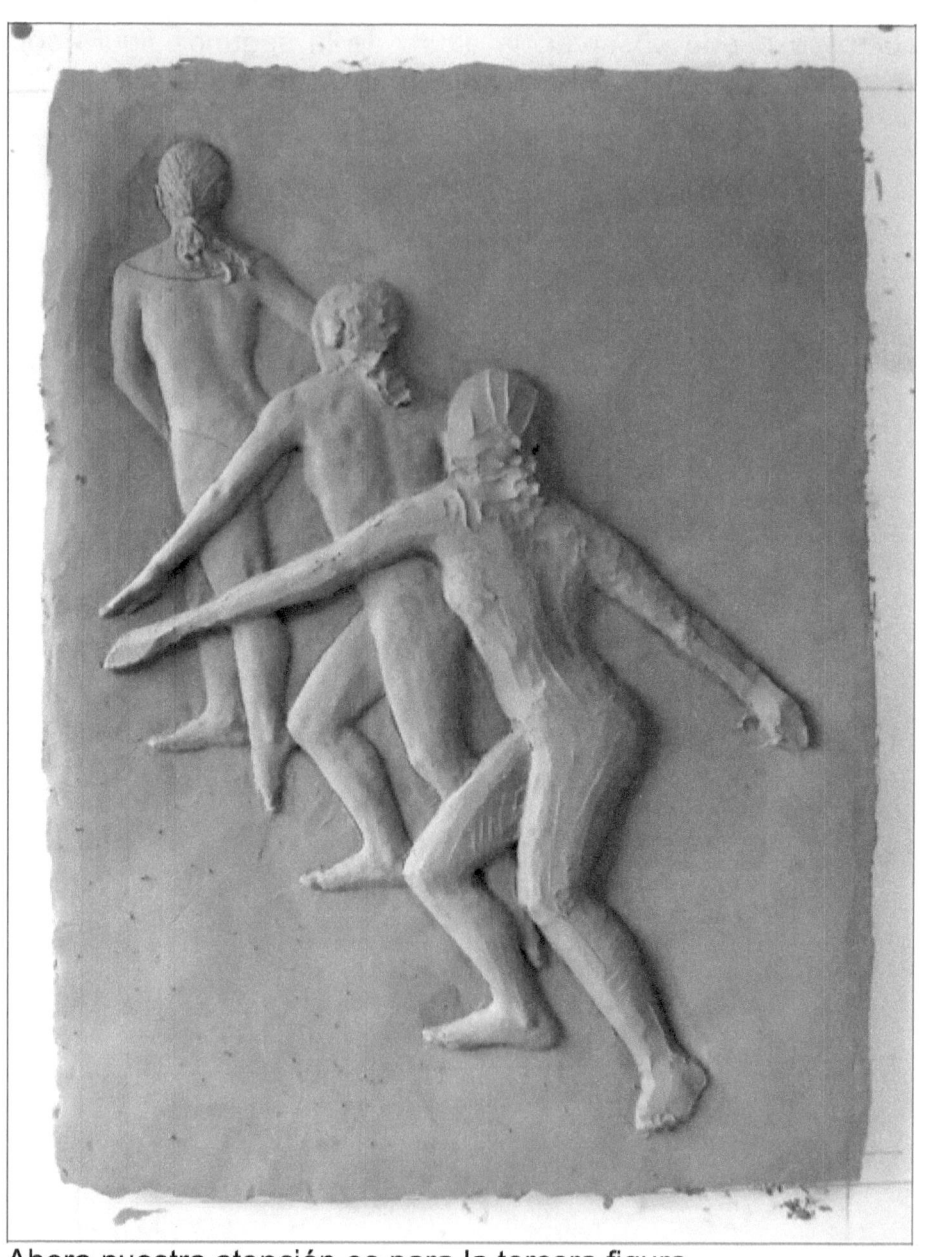

Ahora nuestra atención es para la tercera figura.

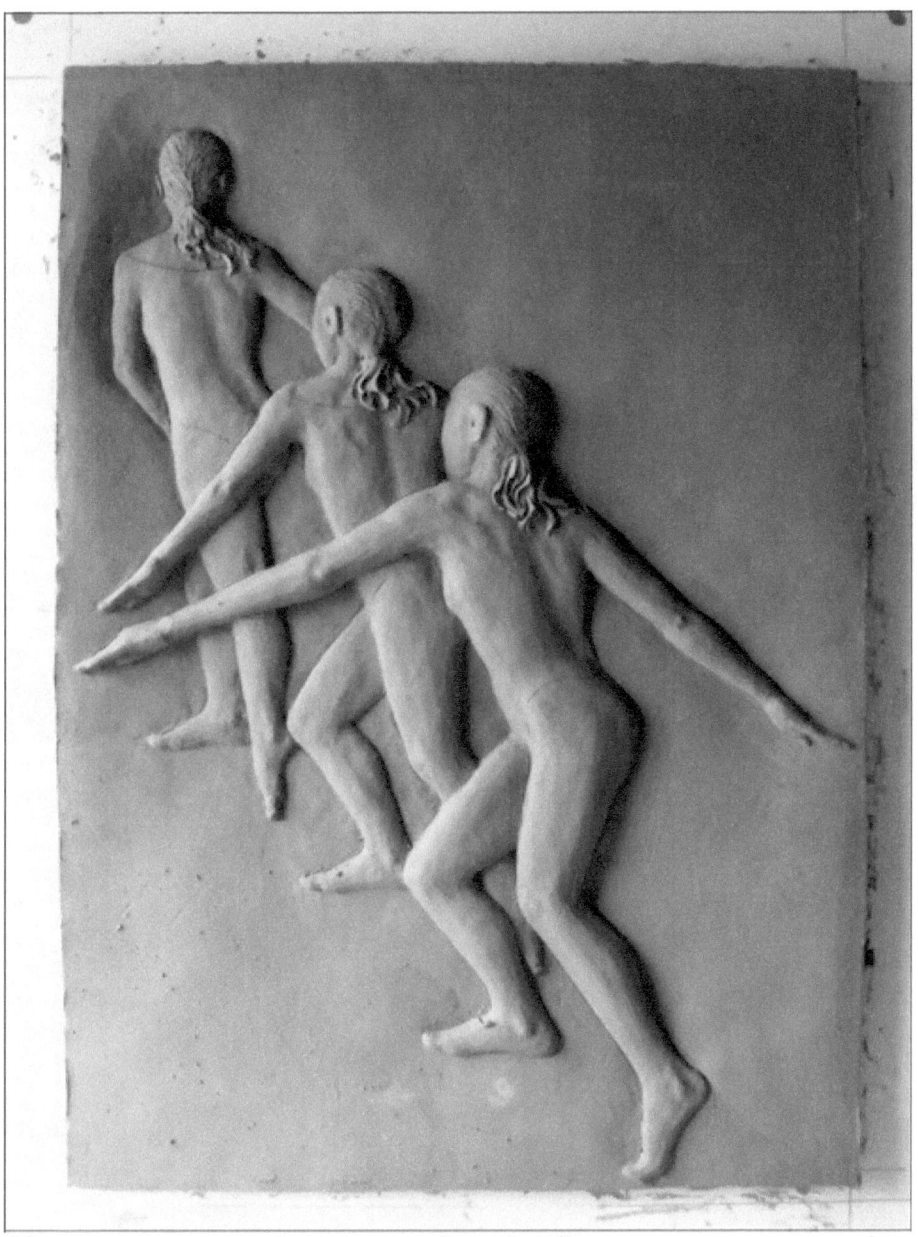

Ahora nos concentramos en los detalles como manos, pies, pelo; además, pulimos el borde externo.

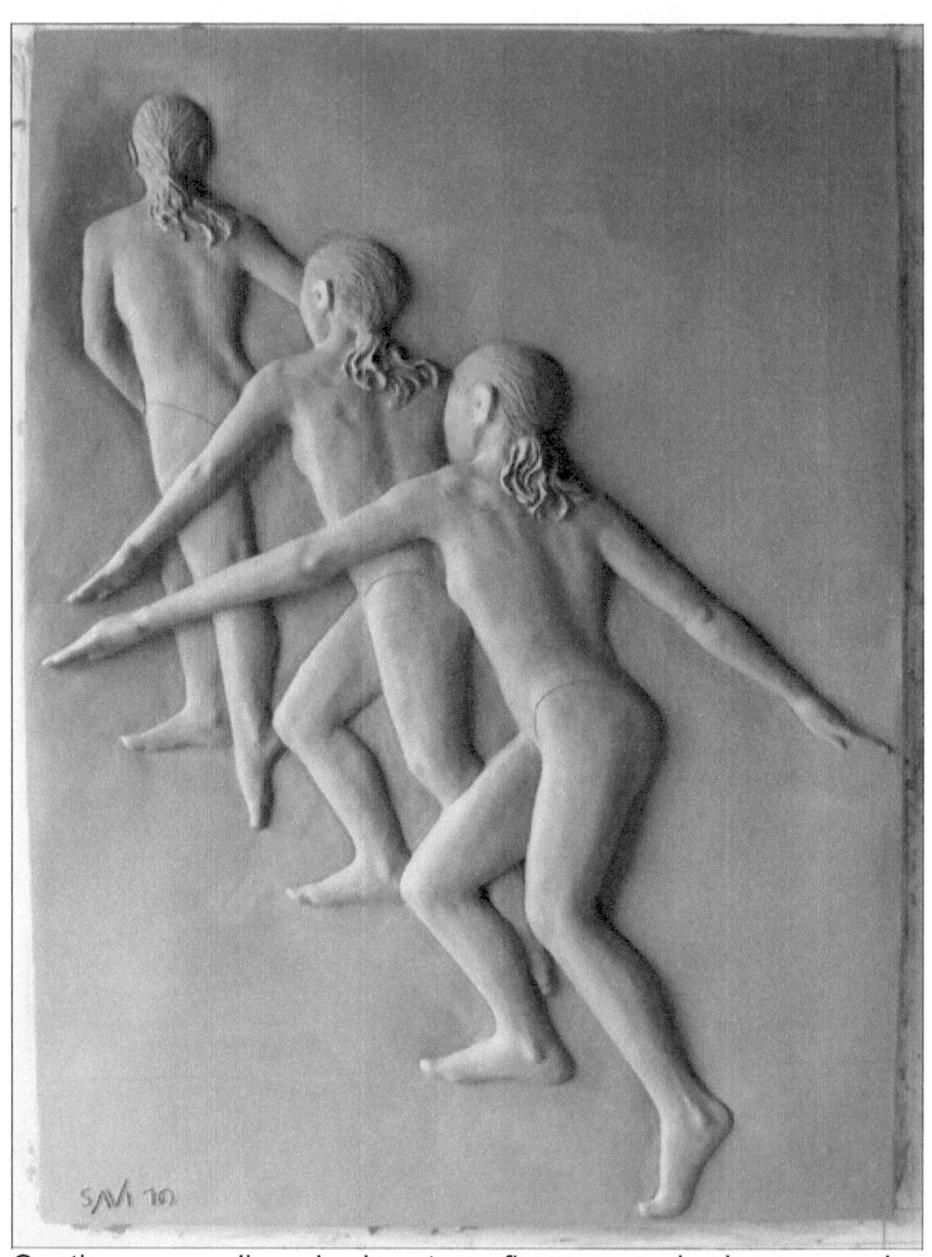

Continuamos alisando las tres figuras y el plano que las circunda con espátulas y dedos, incidimos por un par de milímetros los bordes externos de las figuras para evidenciarlas, como hemos hecho en los otros ejercicios.

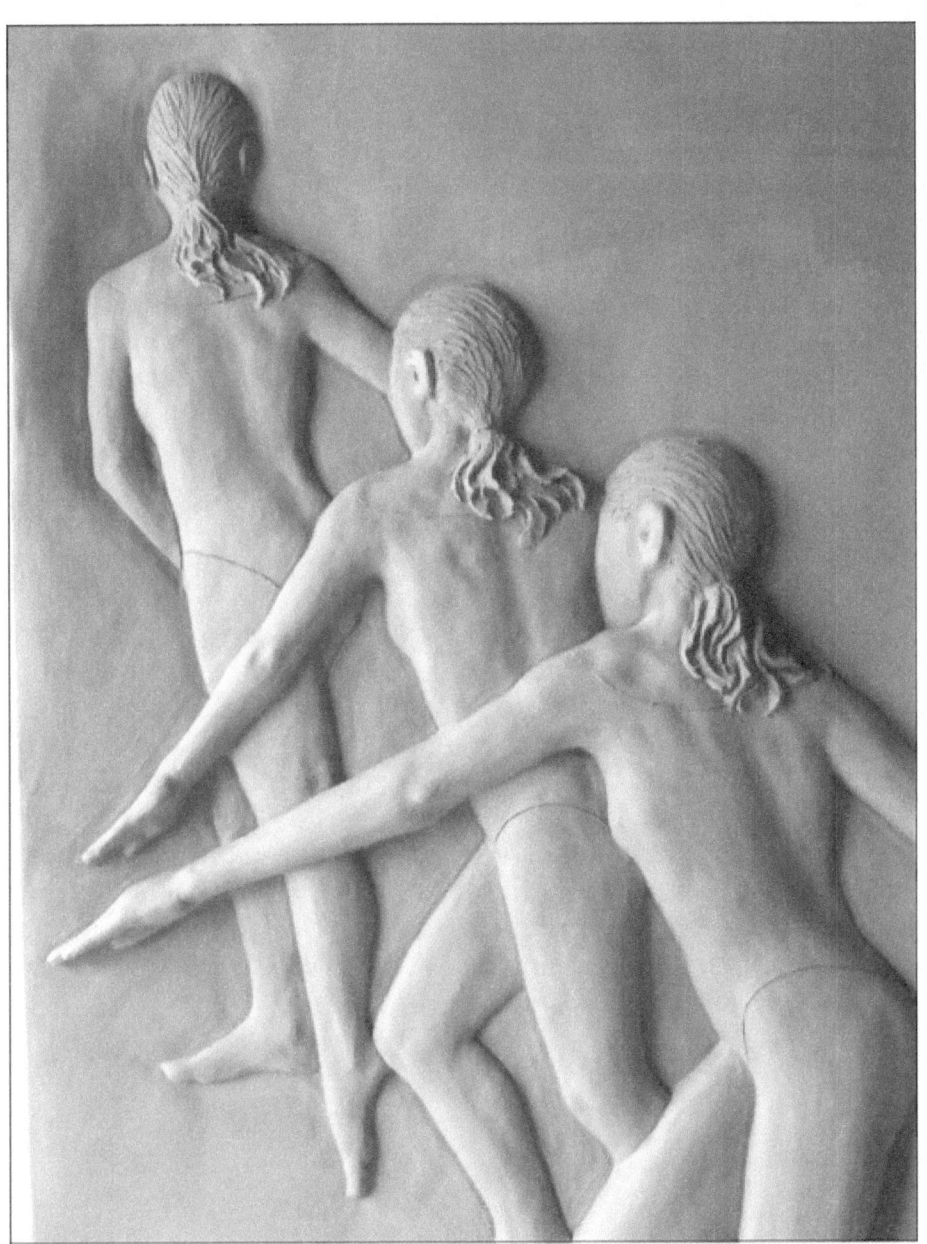

Detalle del altorrelieve ya terminado.

EXPERIENCIAS PERSONALES DEL AUTOR

Fabrizio Savi se interesa por la escultura desde joven edad; tanta era su gran pasión por esta arte que le lleva a crear todavía adolescente, a los doce años, un laboratorio de fortuna en su casa de campo, donde inicia la actividad (debajo una imagen que lo retrata a los 16 años).

Va al instituto de arte en la sección "diseñador de arquitectura y decoración" y sucesivamente a la Academia de Bellas Artes en la sección "escultura". Algunos años más tarde sus investigaciones en el campo del arte digital le valen una beca europea en el ámbito del programa "Pepinieres Euroceration", en la ciudad de Francfort.

Toda su intensa actividad como escultor y diseñador es aunada por el tentativo de unir innovación y tradición, siempre con el objetivo de liberar mejor la creatividad.

Él está firmemente convencido que sólo con un profundo conocimiento de los materiales y de las técnicas de elaboración el hombre puede liberar la propia creatividad, realizando lo que, prácticamente, ha ideado con la fantasía.

Después de 40 años de experiencia en el campo del arte - y en particular de la escultura - ahora siente la necesidad de compartir sus conocimientos con quien desea estar en contacto con este vasto y cautivador mundo.

Para conocer todos los detalles de su actividad, es posible visitar el sito personal del artista: WWW.FABRIZIOSAVI.COM

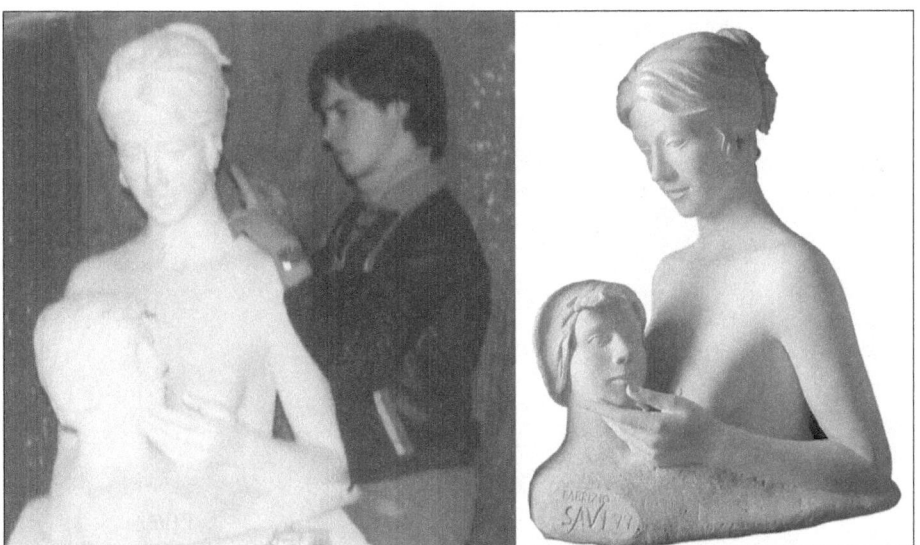

Medio Busto en yeso realizado en 1977 a los 16 años.

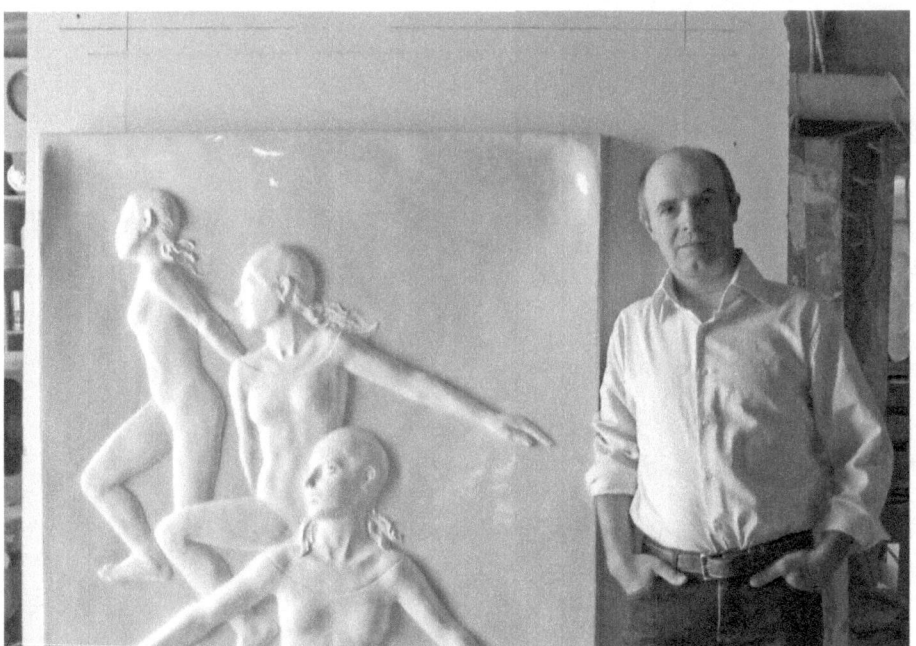

El autor junto a un panel de las dimensiones similares al cuarto ejercicio.

SUS CREACIONES – SUS OBRAS

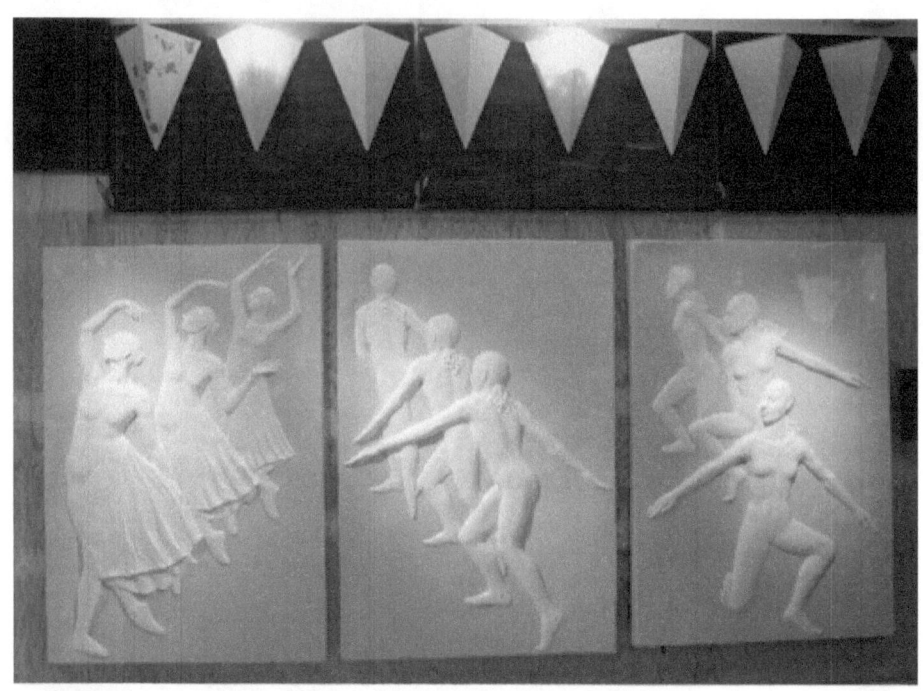

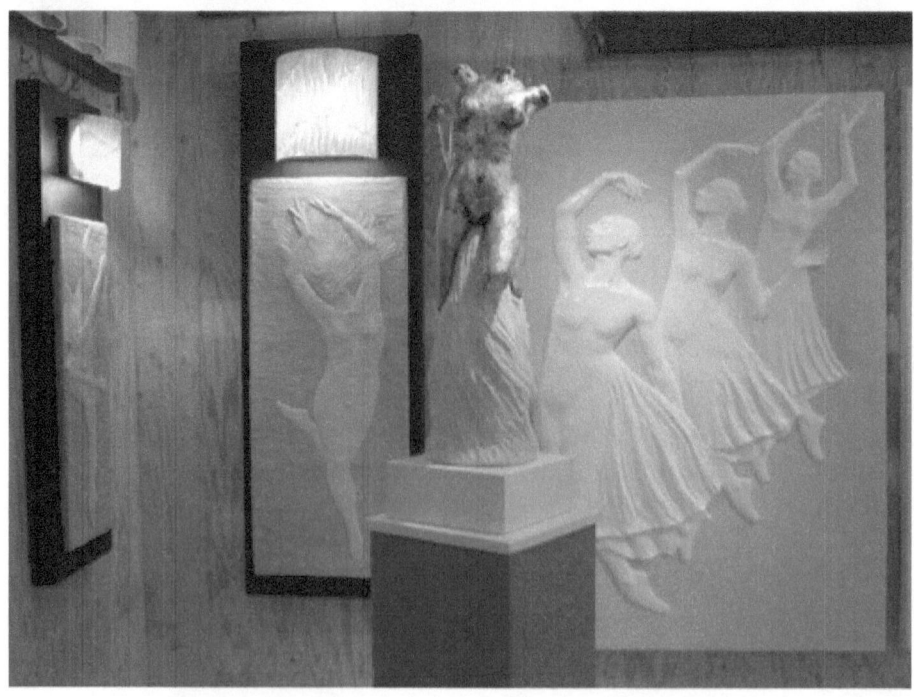

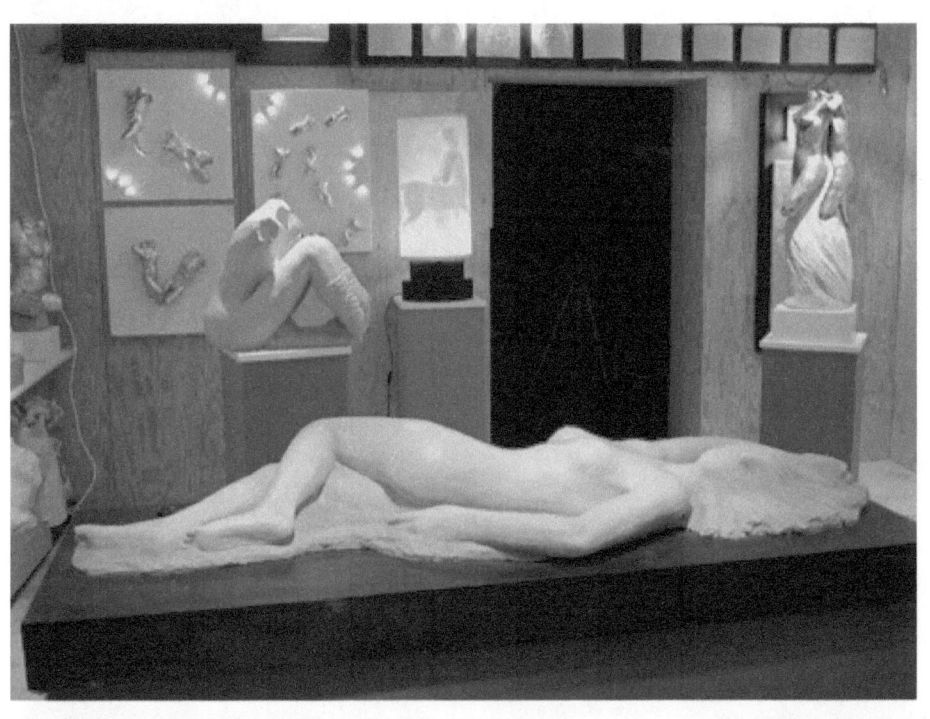

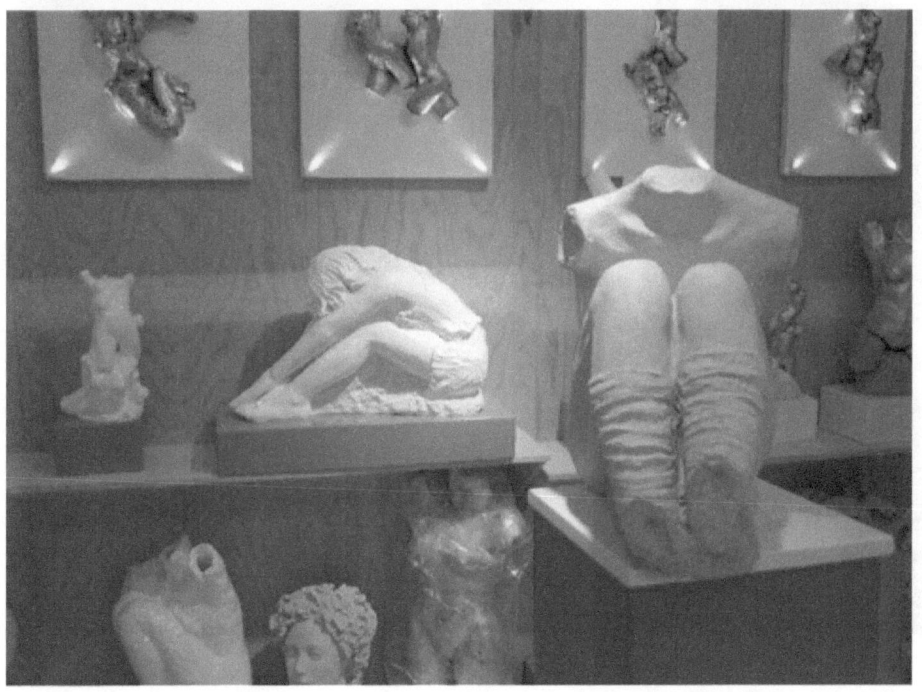

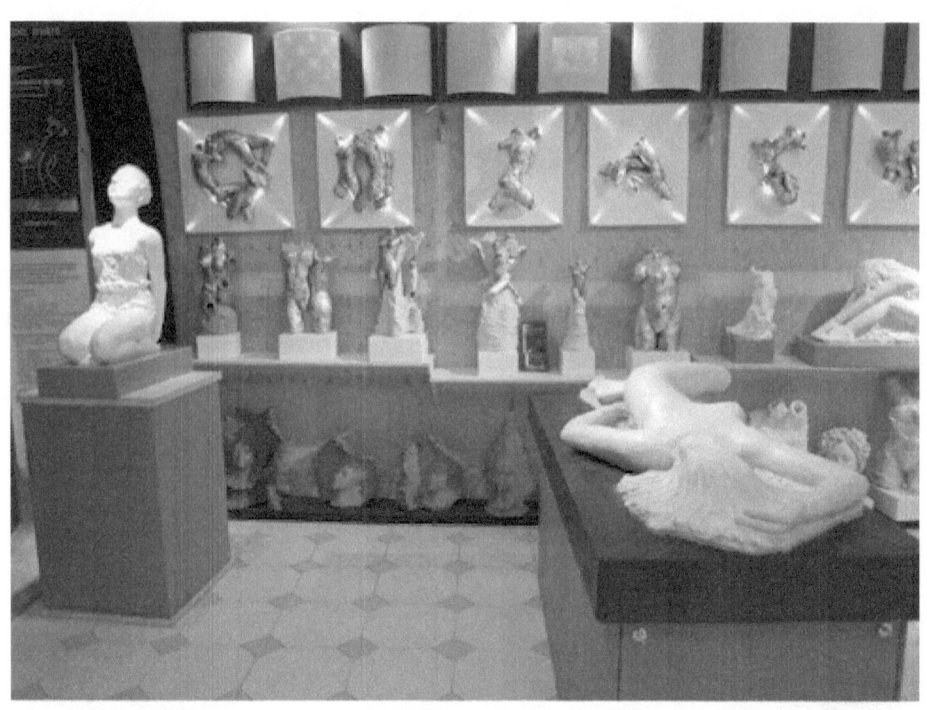

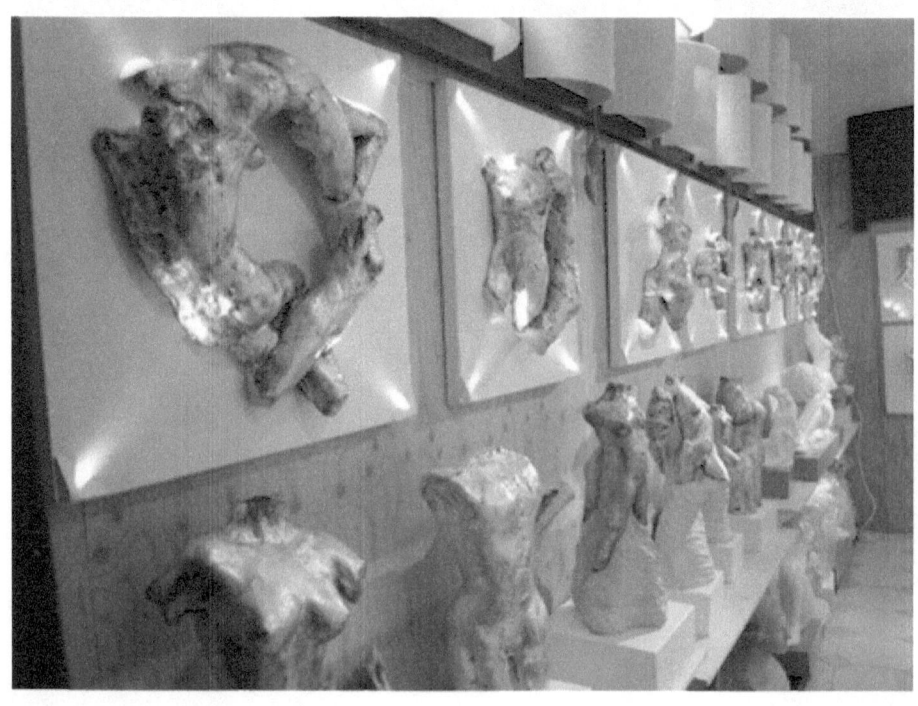